ジャニスと息子のゴボルとペットのトッジー。楽しい日々を公園で過ごす。

ジャニスは反射自律神経症が完治し、かつて動かすことができなかった腕と手でトレーニングジムの鉄棒につかまり運動を楽しむ。

神の奇跡を体験して以来、
ティミー・バラードは健康
で活発な一三歳の少年。
（1996年1月11日撮影）

かつては血液の病気により
不可能であった運動も、い
までは可能となったことを
スケートで表現する。

ジェリー・ウッドと妻のキャシーは朝のミラクルクルセードに出席し、主に生涯を完全に明け渡す。1993年3月26日。その晩、神はジェリーの病をいやされた。

ジェリーの顔は喜びと健康が回復されたことによって輝いている。
（1995年10月10日撮影）

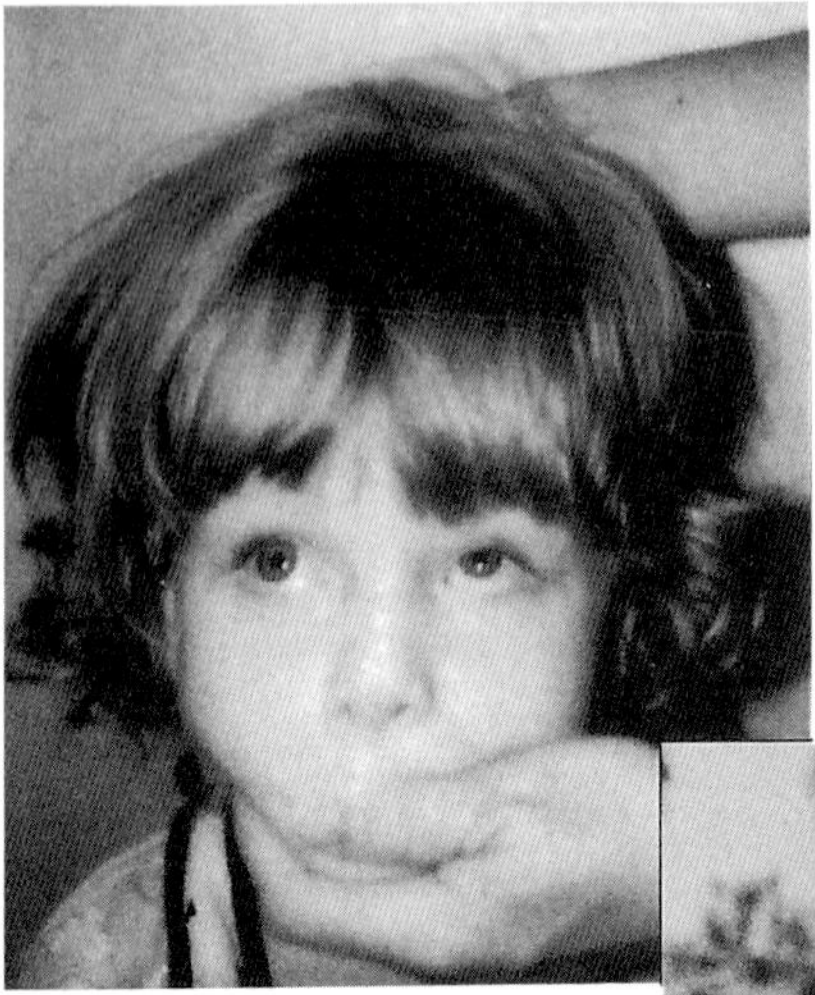

この写真はジュリー・ピールがブラウンズ症候群のため右眼が正常に上がらないことを示すもの。当時三歳。

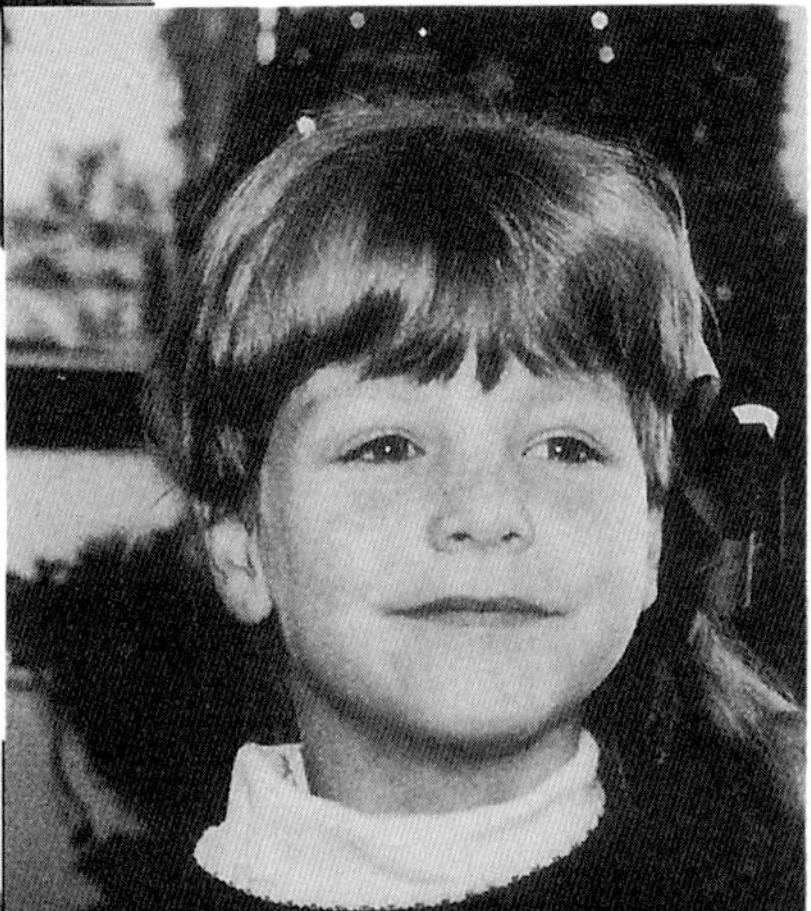

ジュリー・ピール

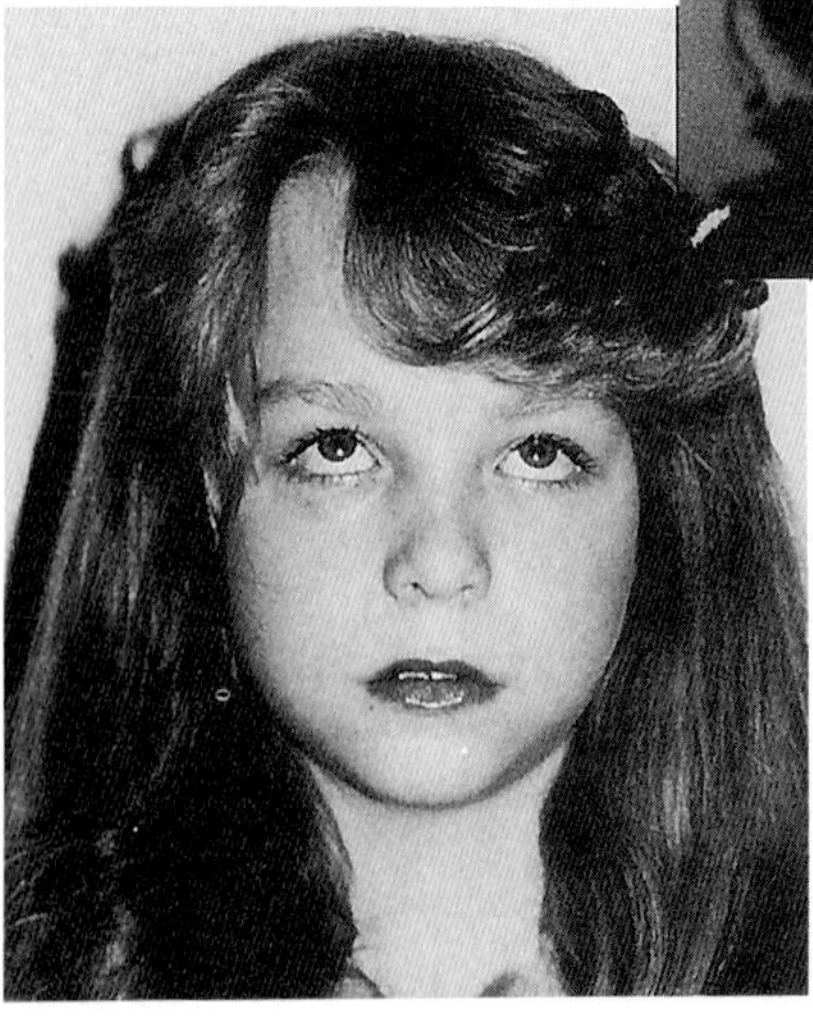

主のいやしを体験してから四年後、上を向いても眼球が正常に動くようになったことを示す写真。

レイ・スコットの家族写真
右上からレイ、義理の母ミラ、妻のディーン、二人の娘リンセイとアシュレイ

レイの癌がいやされてから、双子の兄弟ロジャーと共にアウトドアにて撮影。

ブレンダの脳下垂体にあった腫瘍が消えてから数カ月後に撮影した写真。ブレンダの夫と子供たちと共に。
（1993年2月撮影）

今日のブレンダ・フォギイ。いやされてから数年後に撮影されたもの。
（1996年1月撮影）

パット・ハリングトンが五
年間使用していた医療器具。

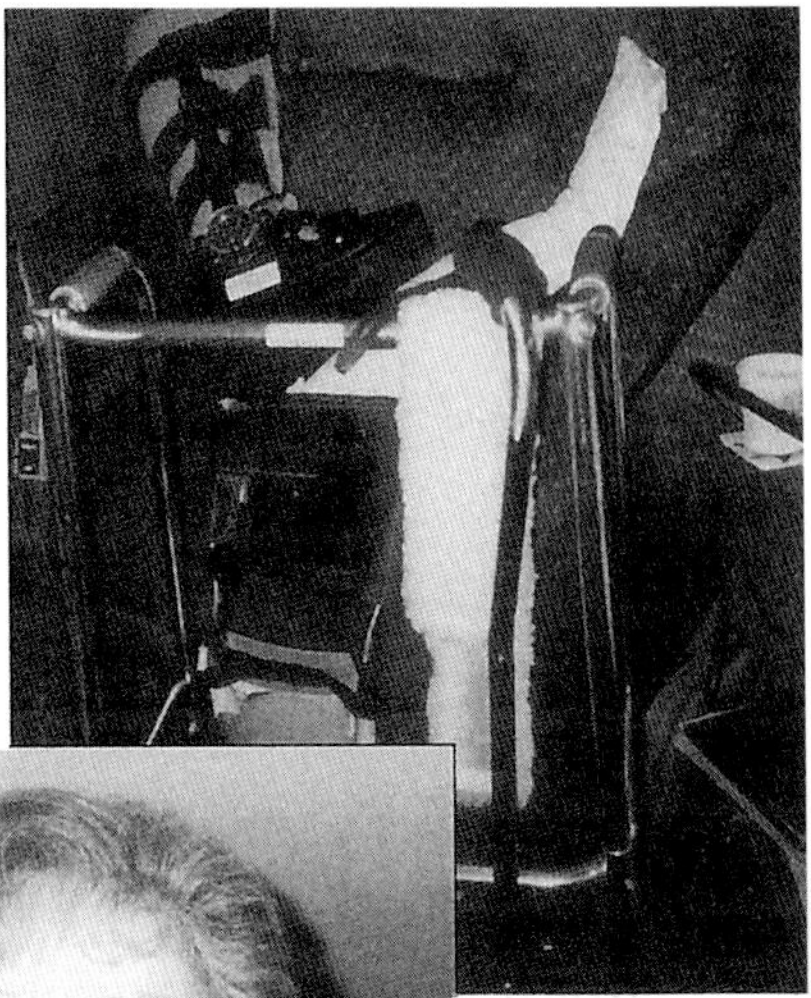

パットがいやされてから神
の平安で喜ぶ顔。

ダニー・ガルシアー六歳。
いやされてから医師がペイスメイカーを取り外してから十数年が経過している。

ダニーはいやされた喜びを表現するため、トランポリンで運動する風景。
（1995年撮影）

スザンヌ・フリックは夫のアランと共にトラック業に復帰。
（1995年10月13日撮影）

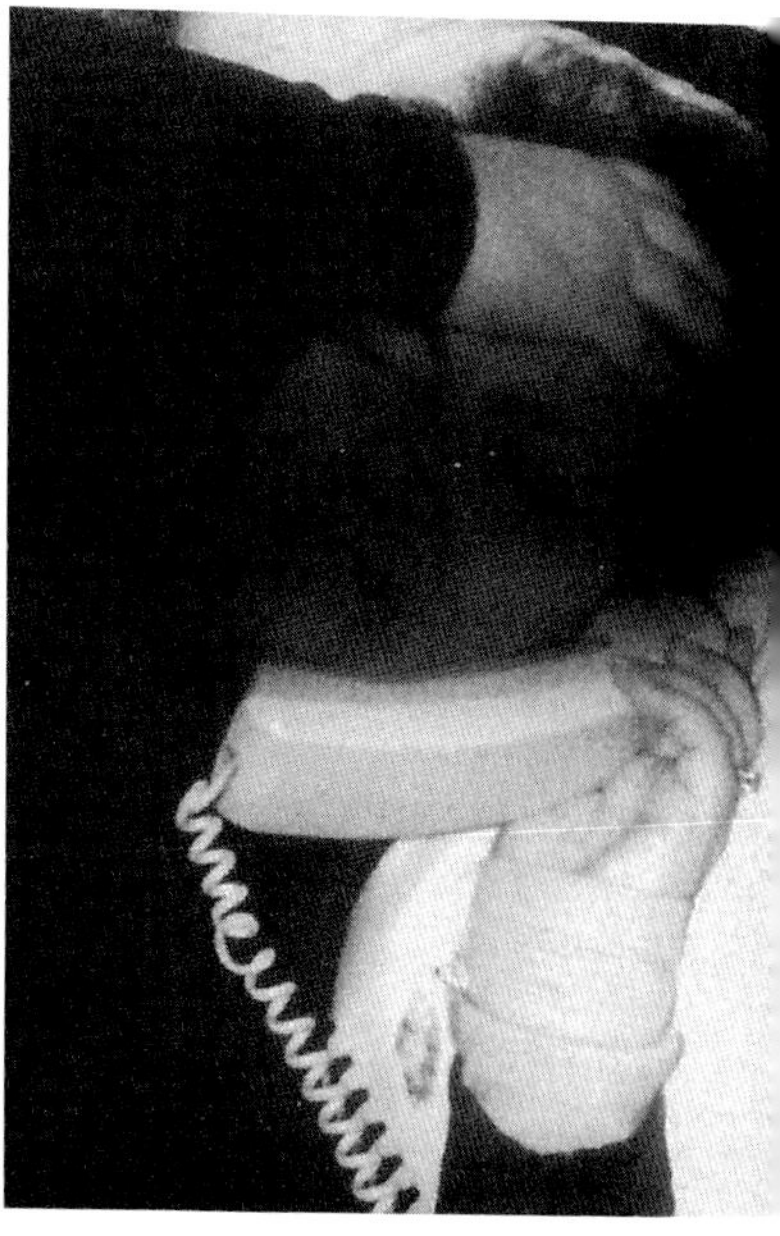

ミラクルクルセードに参加する２週間前は、スザンヌは激痛のため起き上がることができなかった。
（1995年4月26日撮影）

ケルジーとジョイ・ケ
ラー（一歳と四歳）。
6年9月落馬の事故に遭
する三カ月前の写真。

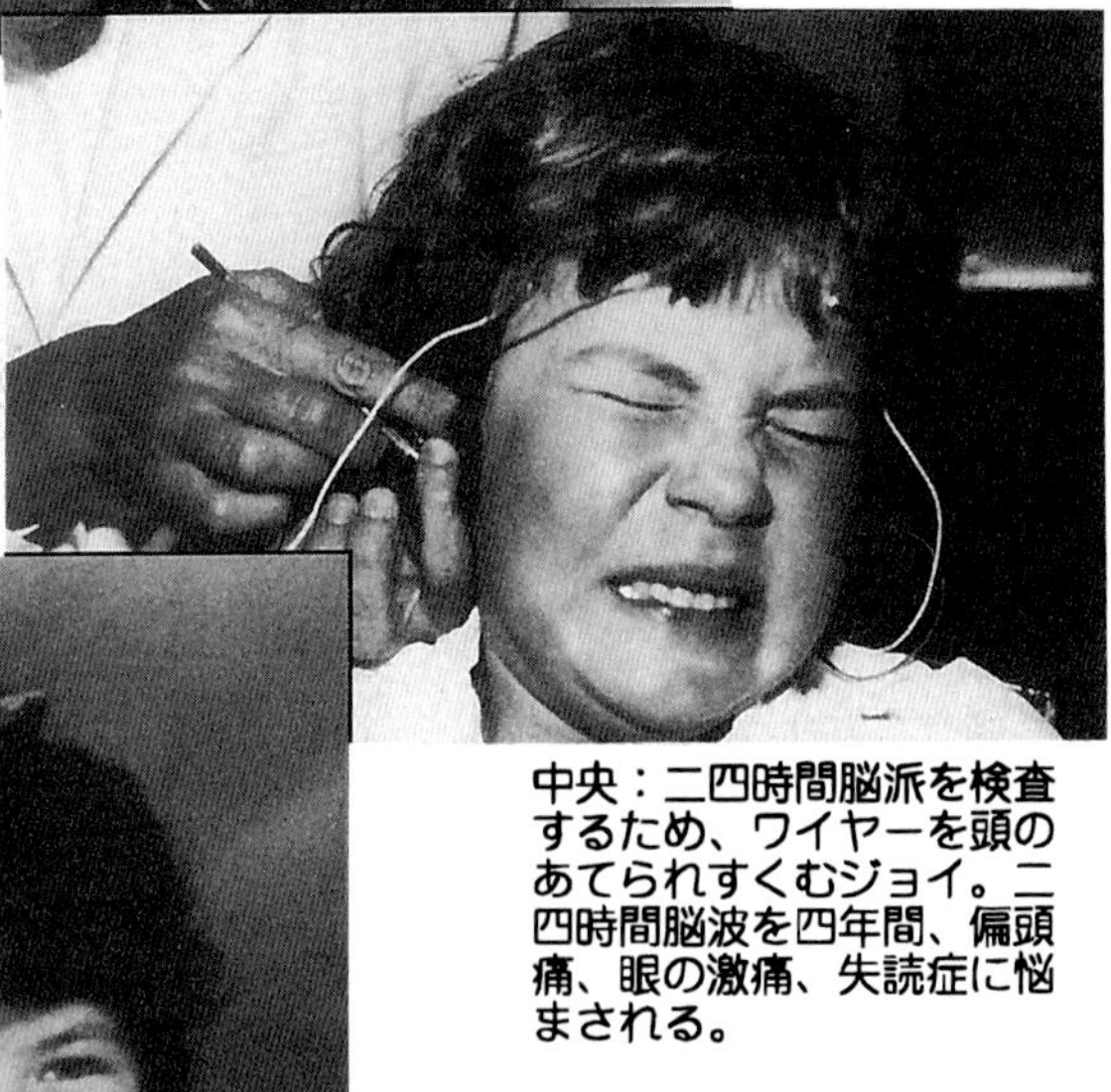

中央：二四時間脳派を検査するため、ワイヤーを頭のあてられすくむジョイ。二四時間脳波を四年間、偏頭痛、眼の激痛、失読症に悩まされる。

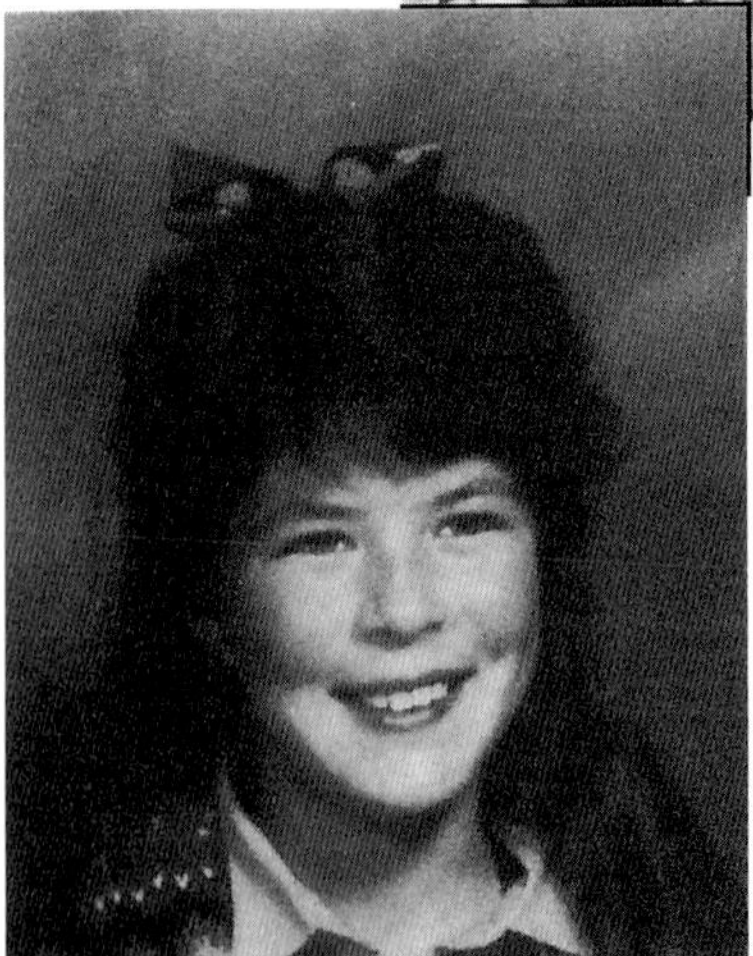

左：十歳の頃の笑顔に輝くジョイ。ジョイのいやしは8月のミラクルクルセードに参加する一カ月半前から除々に始まった。

ジョイ・ケプラー一五歳。
健康な日々を過ごす。

ケプラー一家
左からケルジー、リチャード、ジョイ、テレサ

ノースカロライナにあるシャーロット・コロシアムで開催された「シャーロット・ミラクルクルセード」。収容人数2万3千人。

救い、いやし、人生の変化をもたらす神の力を宣言するベニー・ヒン。

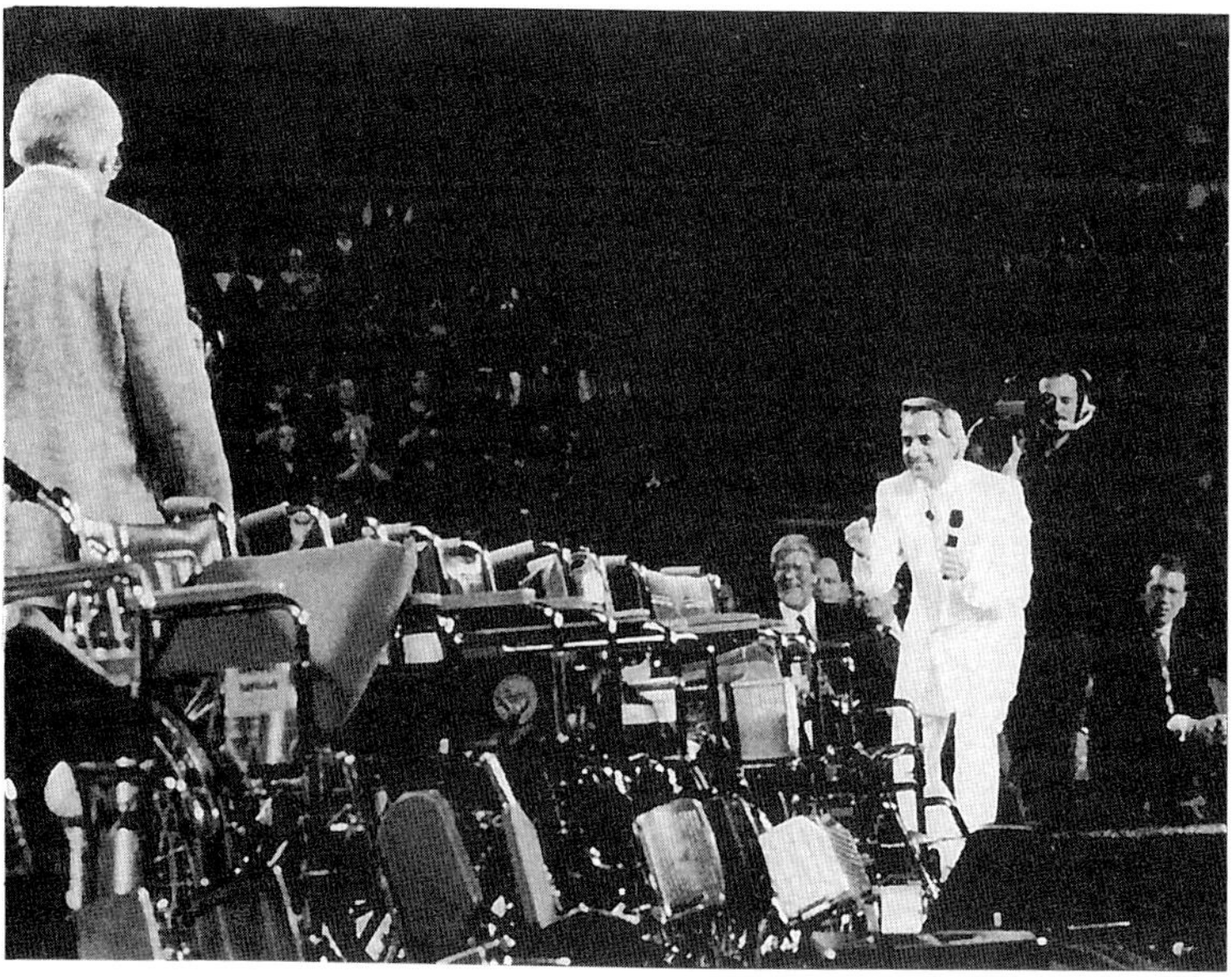

ミラクル・クルセードに出
席していた男性に、まさに
神がいやしを顕されようと
する劇的瞬間。

今日も奇跡は起こる

This is Your Day for a Miracle

Published in the USA by Creation House
Strang Communications Company
600 Rinehart Road
Lake mary, Florida 32746

謝辞

最初に、貴重な時間を割いて証しを分かち合ってくださったすべての人々に感謝の意を表したいと思います。その証しをとおして、主がなしてくださった奇跡を共に喜び、また多くの人々を励ますために用いることができました。

クリエイション・ハウスの編集者の方々にも感謝します。彼らは一つ一つの証しの医学的な側面に関して調査するのを助けてくださいました。

文章化するのを助けてくださったネイル・エスケリン、医学的書類に目をとおしてくださったドン・コルバート医師、ジェネ・コジアラ医師、医学博士ランダル・エハに特別な謝意を表します。

最後に、スー・ラングフォードと私のチームの医学調査部の人々に感謝します。彼らの熱心な働きにより、これらの証しが公表され、何千何万人もの人々を祝福することが可能となったのです。

序文

医師として、私は論理的な診断を下すことを学校で学びました。患者の過去の経過、身体検査、実験、レントゲン、その他必要と思われる検査を用いるのです。治療を施すときには、特定の反応を予期します。これらの過程はすべて、論理に基づいて正しい診断に到達することを目標としています。しかし、この十年間、医学の現場で多くの人々が奇跡的にいやされるのを目にしてきました。そのようないやしは、しばしば論理的な説明を無用のものとしているのです。論理が信仰の道に割り込むと、いやしを妨げてしまうことさえあります。私たちは信仰によって神からいやしを受けるからです。

本書の奇跡的な証しにより、読者の方々の信仰が励まされ、同じような主の御業を体験されるようにお願いいたします。これらの証しはすべて、医学的書類によっていやしが確認されているものです。

オーラル・ロバーツ大学で学んでいる間に、私は多くのいやしがオーラル・ロバーツの働きをとおして起こるのを見てきました。そのうちの一つが、私自身に起こったいやしの奇跡です。医学の学校にいるとき、私は日射病にかかって、ほとんど死にそうになりました。

日射病による高熱から急性腎臓炎と脚の壊そ（筋肉が実際に死んでしまう病気）になり、約二週間入院しなければなりませんでした。そのとき、私はもう二度と歩けないと言われたのです。脚が小さく縮み、腕よりも細いくらいでした。筋肉の生体組織検査を行った結果、壊そが確認されました。しかし、信仰に立って妻や家族、親友たちが心を合わせて祈り、私は奇跡的に回復したのです。

一九八四年からベニー・ヒン牧師の元で、ワールド・アウトリーチ・センターのメンバーとして、合衆国や他の国々へクルセードのチームと共に旅行してきました。それらの集会で起こるすばらしい神の力によるいやしには、いつも驚かされます。

いやしのほとんどは、何千何万の人々が声を合わせて賛美を献げる礼拝の最中に起こります。そのとき、聖霊の臨在が会場を満たし、人々が実際に感じることができるほどです。この偉大な礼拝の雰囲気の中で、聖霊は一人ひとりに触れてくださるのです。ある人々は、信仰の行動を行うときにいやしを受けます。今までできなかったこと（歩いたり、立ったり、手を伸ばすことなど）をやってみるのです。また、集会の中で他の人々のために祈っている間にいやしを受けた人々の証しもよく聞きます。別の場合には、集会前に奉仕者が心を合わせて祈ることによっていやされる人々もいます。

ベニー・ヒン師のテレビの番組をとおしても多くの人々がいやされていることには驚きを感じます。古いビデオテープを見ながらでも、力強い油注ぎがまだ残っていていやしが起こることがあります。

私が心から願うのは、本書を読むすべての人が、聖霊の働きに心を開いて期待してくださることです。いやしを受けた後に、神が定められた健康の法則に従うことも大切です。

私たちの身体は聖霊の宮であり、ドラッグ、アルコール、たばこによって汚したり、脂肪や砂糖を取り過ぎることは避けなければなりません。また運動をすることによって、宮を保つことも必要です。大切に身体を扱うとき、神は人間が健康に長く生きるように造ってくださっているのです。

本書を読み、医学的な書類をチェックしながら、しばしば力強い油注ぎを感じて作業を中止し、主だけがなすことのできるすばらしい奇跡のゆえに賛美を献げました。多くのいやしは、読むだけで心に迫るものを感じます。皆さんも涙を禁じえないことでしょう。人々が癌、心臓病、整形外科への問題などからいやされるのを読むうちに、読者の心は希望に満ち溢れるに違いありません。

神は奇跡の専門家でいらっしゃいます。本書に出てくる証人たちは、そのことを体験した人々です。いやしの奇跡があなたや周りの人々にも及ぶことを期待してください。畏るべき奇跡を行われる偉大な医者に絶えず賛美を献げる人生を歩みましょう。今日はあなたに奇跡が起こる日です。

医学博士　ドナルド・コルバート

第一章　私は信じる

「なぜ私が……？」と、畏れに身の縮む思いで自分に問いかけました。

「なぜ彼らは、このような集会に二四歳の説教者をわざわざカナダから呼んだのだろうか」

ひざは震え、のどはからからに乾いてつばを飲み込むこともできない状態でした。私はペンシルベニア州ピッツバーグにある美しいカーネギー・ミュージックホールの舞台裏で、満場の会衆に紹介されるのを待っていました。一九七七年二月のその日、彼らはキャサリン・クールマンを追悼する集会を開いていたのです。有名な伝道者であった彼女はちょうど一年前に召天し、今やあふれるばかりの人々がこの追悼式に集っていました。かつてキャサリンが二五年以上も続けて毎週集会を開いていたピッツバーグに、その晩は解散した聖歌隊さえも再結集されていました。

その日の午後、トロントから到着した後、私はキャサリン・クールマン・ミニストリーの事務所へ行き、クールマン女史と共に何年も奉仕したジミー・マクドナルドや、忠実な秘書であったマギー・ハートナーに会って打ち合わせをしました。それまでは、一度だけピッツバーグの集会で通りすがりに挨拶を交わしたことがあったが、正式に紹介されたことは一度もありませんでした。

「私たちはあなたの働きについて耳にしていました。今日、この特別な日にここへ来てくださったことをうれしく思います」

とマギーが言いました。彼女はどうして私について知ったのだろうか、と不思議に思いました。トロント以外で私の名前を知っている人は少なかったからです。

彼らが私をチームに加えたことも驚きでしたが、計画されている集会の全体像を把握したときには一層驚いてしまいました。

「まずラスベガスで開かれたクールマン女史による集会の様子を映像で会衆に見てもらいます。その後でいやしの集会を導いてほしいのです」

「いやしの集会ですって？」

私は叫びました。

「本当ですか？」

このような場でいやしの集会を導くなどというのは場違いなことに思えました。クールマン女史のすばらしい集会の情景を見た後で私がステージに上がったら、人々は何と言うでしょうか。

「ステージで病人のいやしのために祈り出したこの見たこともない男はいったい誰だ？」

あるいは
「あの男は自分がキャサリンの後を継ぐとでも思い込んでいるのか？」

とつぶやく会衆の声が耳に聞こえるかのようでした。

「アギー」

と私は話しかけました。

「追悼式でいやしのために祈るというのは、どうも気が進みません。クールマン女史の働きをとおして、私がそのような恩恵を受けたかを証しするだけの方が良いのではないでしょうか」

ジミー・マクドナルド（彼は現在私たちのクルセードで独唱者として奉仕している）は、私に賛成してくれました。

「ベニーの言うとおりかもしれませんね。本当にこの式の中でいやしの集会をするべきでしょうか」

ところが、意志の強いマギーはこう言い張りました。

「それが私の願っていることです。そして、それは行われるべきです」

彼女はジミーに、私を会衆に紹介する役を果たすようにと言いました。

動くこともできなかった

幕の後ろの見晴らしの良い場所に立ち、私の目は会場を満たしている群衆を神経質に見渡していました。飾り立てられた金の彫刻と優美に彩られたバルコニー……それはアメリカ合衆国の中で最も美しい会場の一つでした。私は映像が見られる場所を見つけながら、

「なぜ、私でなければならないのだろうか」

と考え続けていました。

明かりが消え、会衆が静まり返ると、スクリーンに映像が映し出されました。それは力強いものでした。

一九七五年五月にラスベガス・コンベンションセンターで開かれたその集会は、クールマン女史が唯一撮影を許可した集会でした。五時間に及ぶ集会の様子が、九〇分に力強くまとめられていました。

私は以前にもその映像を見たことがあり、ますます当惑しながら、

「この後に私が出ていったい何をするのだろうか」

と悩んでいました。終わりが近づいてくると、ジミーが私に合図して、一緒にステージの後ろに来るように促しました。

薄暗がりの中に立ち、ジミーはこう言いました。

「照明がつくと、私がステージに上ってあなたを紹介します。そして『イエス、イエス、その御名に何かがある』という歌を歌い始めます」

ジミーは会衆が彼と一緒に歌い始めたら、すぐにステージの前面に出てくるようにと指図しまし

た。

　ジミーは会衆に私を紹介する際、私が知らなかったことについて話しました。クールマン女史が亡くなる前に、私の働きについて耳にし、スタッフたちにできる限りのことをして私を助けるように言い残したというのです。

　ジミーが念入りに私を紹介するにつれて、私は一層緊張してしまいました。彼がコーラスを歌い始めたとき、幕の後ろから会場を眺めながら、私は足がすくんで動くこともできませんでした。私は二二歳のときに初めて説教をしたばかりです。わずか二年後の今、このような大舞台に立とうとしているのです。

　恐れに捕らわれて、文字どおり一歩も動くことができませんでした。

　ジミー・マクドナルドは同じ歌を二度、三度と繰り返しました。ついに、私に最後の合図をすると、会衆に向かってこう言いました。

「最後にもう一度、このコーラスを歌って、ベニー・ヒンを講壇に迎えましょう」

　案内役のスタッフの一人がこの状況を察し、私を前に押し出しました。私は緊張に震えて青くなりながら、おそるおそるステージに立ちました。

　ジミーはほっとした表情で私を見ると、

「なぜそんなに時間がかかったんだい？」

と聞きました。

ジミーはマイクを手渡し、私を一人そこに残して去って行きました。全会衆の目が私に注目しているのを感じることができます。

楽器の奉仕者たちは、曲を変えて静かに演奏を続けていました。ところが、私は頭が全く空っぽでした。やっとのことで、

「さっきの歌をもう一度歌いましょう」

と言うのが精いっぱいでした。

上手に導こうと努力したにもかかわらず、演奏者たちがキーを変えていたので、正しい音程をつかむことができずに、極端に高い音で一人だけ歌い始めてしまいました。金切り声を上げながら、私は全く恥をかいてしまったのです。

数分後、私は限界に達して泣きたい気持ちでした。天井を見上げて、

「主よ、私にはできません」

と言いました。

その瞬間、主は私に語りかけてくださり、こう応えられました。

「あなたができなくて良かったと思います。わたしがするからです」

私はキャサリン・クールマンの働きが私の人生にどれほどの影響を及ぼしたかということを簡単に話しました。一九七三年のクリスマス前、ピッツバーグの第一長老教会で金曜日の朝に開かれた集会に参加するために、トロントからバスに乗って行ったのです。そこで腫瘍、関節炎、頭痛など、

多くの病気がいやされる証しを耳にしました。しかし最も印象に残ったのは、それまで聞いたことのない方法で、彼女が聖霊について話したことです。

燃えるような目をして、彼女は涙を流し始め、会衆に訴えていました。

「どうか…」

彼女はその言葉を引き伸ばすように話しました。

「どうか、聖霊さまを悲しませないでください」

それから私は、あの赤い髪の伝道者がその時どのように語ったかを話しました。

彼女はこう言ったのです。

「わからないのですか？　聖霊さまは私のすべてです。聖霊さまは、私の最も親しい、最も近くにいてくださる、最愛の友なのです」

私はその晩、家に帰ると、ベッドに横たわりながら、あの長い流れるようなドレスを着た伝道者の言葉がどういう意味なのかを理解しようとしました。「キャサリン・クールマンが持っているものを私も欲しい」と強く思いました。その同じ夜、聖霊は私の部屋を訪れてくださり、初めて私は聖霊との親しい関係をもつようになったのです。それは私の人生を変革する出来事でした。

会衆にその証しをした後、私は会場でミニストリーを始めました。すると、突然に神の力が臨み始めたのです。奇跡が起こりました。人々は我を忘れていましたが、一番驚いたのは私自身でした。

クールマン女史は世界中で最もすばらしいチームを率いていました。マギー、ルツ、フィッシャー、そして他のメンバーが聖霊の油注ぎを感じ取ると、彼らは通路に出ていやされた人々と話し始めました。まもなく、ステージは驚くべき証しをするために出て来た人々でいっぱいになったのです。キャサリン・クールマンはもはや私たちと共にいませんでしたが、神の霊は非常に強く臨んでおられました。

キャサリン・クールマン財団の招きを受けて、私はその後も毎月ピッツバーグの軍人記念館で数年にわたって集会を続けました。またクールマン女史の組織したラジオ放送をしばしば引き受け、合衆国とカナダの主要都市を廻っては彼女の映像を紹介し、いやしの集会を導いたのです。それによって何千何万の人々が恵みを受けることができました。

なぜ信じるのか

最近、私は再びクールマン女史の「聖霊の賜物」というメッセージ・テープを繰り返し聞いています。一九七〇年代の初め、バージニア州西部のウィーリングにある力強い五万ワットのラジオ局から流れてくる彼女の静かな心を打つ声に、トロントの寝室で耳を傾けていた頃のことを懐かしく思い出します。また、可能な限り何度でもピッツバーグまで行き、クールマン女史が召天直前まで開いていた金曜日の朝の集会に出席していたことを忘れることはできません。

この二〇年間、私は彼女のテープを繰り返し聞き続けていますが、昨日語られたばかりのメッセージのような新鮮さを感じます。神が全く同じ御業《みわざ》をなさることを、私たちのクルセードで今も目にしているのです。私はよくこのように話します。

「そうです。聖霊さまは今も働いておられます。主は今もいやしをなさっています！」

どうぞ誤解しないでください。私はキャサリン・クールマンのゆえに、あるいは彼女の集会で経験したことのゆえに奇跡を信じるのではありません。正直な話、私は物心のついた頃からずっと奇跡を信じています。クリスチャンになる前でさえ信じていたのです。

私の生まれた国イスラエルは、それ自身が一つの奇跡でした。学校では、カトリックの修道女が聖書を開き、イエスがいやしをなさり、悪霊を追い出されたこと、そしてそれは今でも起こるということを教えてくれました。

地中海の近く、私が育ったヤッファでは、神を信じないにもかかわらず人々が奇跡の現実を受け入れていました。多くの人々は昔からの慣習に従い、小さな祭壇を造って香をたき、炎の間を歩くといった儀式を行っていました。それは悪霊を遠ざけると考えられていたのです。

けれども、生まれ変わってクリスチャンになったとき、人の行いではなく、神ご自身がいやしと解放をなさる方だということを悟りました。

今日、神が今でも奇跡をなさるということを私が信じる主な理由が三つあります。

一、御言葉に書かれている

聖書はこう言っています。

「まことに、彼は私たちの病を負い、
私たちの痛みをになった。
だが、私たちは思った。
彼は罰せられ、神に打たれ、苦しめられたのだと。」（イザヤ五三・四）

またイエスはこう言われました。

「病人に手を置けば病人はいやされます。」（マルコ一六・一八）

二、私の経験もそれを確証している

子供の頃から、私はひどいどもりのために苦しんでいました。どんな小さなプレッシャーや緊張によってもどもりが誘発され、ほとんど耐えがたいほどでした。ところが、一九七四年十二月七日、初めて講壇に立って説教したとき、驚くべきことが起こりました。口を開けた瞬間、何かが私の舌に触れて解き放つように感じました。そして、私は全く流暢に神の言葉を宣言し始めたのです。どもりは消え去っていました。完全になくなり、二度と戻ることはありませんでした。

三、証拠によって立証されているから

人々が車椅子から立ち上がり、補聴器を投げ捨て、また腫瘍がなくなったことを証するのを何度となく見ます。私は彼らによくこう言うのです。

「どうぞ自分のお医者さんに診てもらってください。奇跡が立証されたら、私たちに報告してください」

証拠は多くあります。私たちの事務所には、神のいやしの力を証しする医学的な証拠書類があふれているのです。

奇跡の源

私のことを「神のいやしの器」という名前で呼びたがる人々は、クルセードに来て、いやしの祈りを受けるために人々が列を作らないのを見て驚きます。私は一人ひとりに手を置いて祈ることはほとんどしません。私の務めは、むしろ人々を主の臨在へと導き、その中で聖霊ご自身に働いていただくことであると信じています。

私たちの集会では、すでにいやされた人々が、神を賛美するために講壇の前に出て来るのです。

もちろん、聖書の中に主イエスが個人的に手をおいて病人をいやされた記述があります。しかし、エリコに行く道で目の見えない人に出会ったとき、イエスはただ言葉を語ることによっていやしを行われたのです。

イエスはこう言われた。

「見えるようになれ。あなたの信仰があなたを直したのです。」（ルカ一八・四二）

私はかつてクールマン女史が集会の中でこのように言っていたのを思い出します。

「もし私にいやす力が少しでもあると思っているなら、それは大間違いです。私には全くいやす力がありません。ただできることは、唯一の道である方、偉大なる医者にあなたを導き、祈ることです。残りはすべて、あなたと神ご自身にかかっています」

私は医学的、科学的な方法の価値を充分に認めています。神はご自身の御手の中で、医師を含めてあらゆるものをいやしのために用いられるのです。

クールマン女史はこのように言っています。

「医師は骨をはめ込む技術をもっています。しかし、実際に治るためには神の力がいやすのを待たなければなりません。外科医は最も難しい手術でさえも巧みに施すことができるでしょう。彼はよく訓練された知性とあらゆる技術を用いて、自由自在にメスを操ることができるかもしれません。けれども、実際のいやしが起こるためには、上からの力を待たなければならないのです。人間に過ぎない私たちには、決していやす力は与えられていないからです」

毎日、奇跡的にいやされた人々から驚くべき報告を聞いています。クルセードや特別聖会で証しを聞いたり、何千もの手紙が届く中で、主がなさっていることに畏れを抱かずにはおれません。

けれども、私たちに特異に思えることも神にとっては常のことであり、私たちが超自然と呼ぶことでも主にとっては自然なことであるということを忘れてはなりません。私たちにとっては奇跡であっても、言葉によって天地を創造し、人に命を吹き込まれた神にとっては、毎日起こる当然のことに過ぎないのです。

その同じ神が、あなたにも奇跡を用意されていることを信じます。

第二章　奇跡は今日もあるのか

「ベニー。私たちは神があなたを特別な方法で用いてくださると信じているよ」

と親友のジム・ポインターが言いました。彼はトロントの郊外のウィローデイルで集会を開くようにと私に要請した牧師たちを代表して話していたのです。

「公立学校のカフェテリアを借り切って、後は主にお任せしよう」

一九七五年二月、オシャワの小さな教会で初めて証しをした二カ月後のことでした。

その牧師たちは随分と思い切ったことをしたもので、私は伝道者としての経歴は全くありませんでした。ただ人生を全く主に明け渡した若者に過ぎません。その晩カフェテリアに集まった人たちは、いったい何が起こるのか予期していませんでしたが、私自身も予期していませんでした。

最近ある人がこのように尋ねてきました。

「ベニー牧師、いやしがあなたの務めの一つになることをいつ知ったのですか」

初めて証しをしたときに自分自身がどもりからいやされた経験はしたものの、神がどのような務めを備えてくださっているのかはわかりませんでした。ウィローデイルで数回集会を導いた後、いやしを必要とする人は前に出て来るようにと招きをすべきだと感じました。最初の頃は、列を作って一人ひとりのために祈っていたのです。主はいくつかのすばらしい御業を行ってくださいました。

牧師たちの一人がこう言いました。

「私たちはもっと大きな会場を見つけて集会を続けるべきだと思います」

嬉しいことに、次の会場は私がかつて学生であった第二ジョージス・バニエール校でした。その建物の中で開かれていた学生たちの早天祈祷会に出て、私はキリストを心に迎え入れたのです。

一九七五年五月、主は私が今までしたことのないことをするように促されました。その頃は、トロントにある聖パウロ国教会の美しいホールで集会を開いていました。三百人くらいの人々が集まる集会で、私はバルコニーを見上げて主が語られていることに従いました。

「今、足に問題がある人がいやされています」

と宣言したのです。

誰も立ち上がりませんでした。私は繰り返して言いました。

「足に問題のある人が今いやされています。どうか立ち上がってください」

約一分後、バルコニーにいた赤くて長い髪の若い婦人が立ち上がり、講壇の方に進み出てきました。

「私です！」

と彼女は叫びました。

「私はいやされました」

このとき以来、神は私の働きの方向を変えられました。集会をするごとに、その最中にいやしが起こり始めたのです。人々が前に出て来て神がしてくださったことを証しするのを聞いて、会衆は喜びにわき返りました。群衆の数は次々に増し加わり、まもなく聖パウロ国教会の三二〇〇人収容の大会堂に移らなければなりませんでした。

一致の力

人々はよく、このように尋ねます。

「いやしを受けるために、クルセードに出席することは必要でしょうか」

決してそうではありません。私たちはご自身の主権と計画どおりに事を進められる神に仕えています。私たちのスケジュールで事が起こるわけではありません。しかし、長年の奉仕をとおして確信していることは、神の民がクルセードに共に集まるとき、信仰の生まれる雰囲気が作られてくるということです。

クリスチャンが一致の中で集まるとき（それが二人でも、二千人でも、二〇万人でも）信仰がそこに生み出されるのです。主イエスはこのことを明確にしてこう言われました。

「**ふたりでも三人でも、わたしの名において集まる所には、わたしもその中にいるからです。**」（マタイ一八・二〇）

モーセが荒野でイスラエルの民を導くとき、彼らは敵の攻撃に合いました。モーセはヨシュアにこう言いました。

「**モーセはヨシュアに言った。『私たちのために幾人かを選び、出て行ってアマレクと戦いなさい。』あす私は神の杖を持って、丘の頂に立ちます。**」（出エジプト一七・九）

戦いのさなか、モーセは神の導きに従いました。

「**モーセが手を上げているときは、イスラエルが優勢になり、手を降ろしているときは、アマレクが優勢になった。**」（出エジプト一七・一一）

モーセの手が疲れたときに、彼らはどうしたでしょうか。聖書はこのように記しています。

「**しかし、モーセの手が重くなった。彼らは石を取り、それをモーセの足もとに置いたので、モーセはその上に腰掛けた。アロンとフルは、ひとりはこちら側、ひとりはあちら側から、モーセの手をささえた。それで彼の手は日が沈むまで、しっかりそのままであった。**」（出エジプト一七・一二）

こうして、アマレクの軍隊は破れ去りました。

一致のあることには、神の力が臨むだけでなく、倍加されます。

イエスは天に昇られる前、弟子たちにこう言いました。

「さあ、わたしは、わたしの父の約束してくださったものをあなたがたに送ります。あなたがたは、いと高き所から力を着せられるまでは、都にとどまっていなさい。」（ルカ二四・四九）

彼らは主の命令に従っただけではなく、他の信者たちも招きました。一二〇人が屋上の間に集まり、**「五旬節の日になって、みなが一つ所に集まっていた。」**（使徒二・一）のです。聖霊はいつ注がれたのでしょうか。それは彼らが一致の中に集まっているときです。

この原則は今日でも有効です。神の民が一致するとき、いやしと解放と勝利が訪れる雰囲気がつくられるのです。

「見よ。兄弟たちが一つになって共に住むことは、なんという幸せ、なんという楽しさであろう。」

（詩篇一三三・一）

いやしについての御心

聖霊との個人的な出会いを経験してから、非常に多くの時間を割いて御言葉を学びました。その中で、神の奇跡は可能であるだけではなく、民をいやすのが神の御心であるということを私は確信しました。

多くの人々は、『主は我が魂の救い主』という歌を歌いますが、主が私たちの身体の救い主でもあるということを忘れがちです。キリストの十字架上の死は、私たちの救いだけでなく、いやしのためでもあったのです。ペテロの第一の手紙二章二四節には、**「キリストの打ち傷のゆえに、あなたがたは、いやされたのです。」**と記されています。

私たちがいやされて、生涯を健康に過ごすことは主の御心なのです。神はヨブにこのように言われました。

「あなたは長寿を全うして墓にはいろう。あたかも麦束がその時期に収められるように。」（ヨブ五・二六）

神はまた、私たちの中から病気を取り除くことを約束してくださっています。

「あなたがたの神、主に仕えなさい。主はあなたのパンと水を祝福してくださる。わたしはあなたの間から病気を除き去ろう。」（出エジプト二三・二五）

人々（生まれ変わったクリスチャンを含めて）がなぜいやしを信じることができないのか、私には理解できません。何度となく、人々が病気を不可欠のものとして受け入れてしまうのを聞きました。「これは仕方のないことだよ」と彼らは言うのです。

多くの人々が信じられない理由は、「伝統」という言葉に要約できるかもしれません。彼らは今までもずっとそのように信じてきたわけです。私たちはイエスが律法学者やパリサイ人たちに言われたことをよく覚えている必要があります。

「こうしてあなたがたは、自分たちが受け継いだ言い伝えによって、神のことばを空文にしています。そして、これと同じようなことを、たくさんしているのです」（マルコ七・一三）

私たちの伝統や習慣によって神の言葉を曲げてはいけません。病気にかからないで生きることは主の御心なのです。箴言の著者はこう述べています。

「わが子よ。私のことばをよく聞け。私の言うことに耳を傾けよ。……見いだす者には、それはいのちとなり、その全身を健やかにする。」（箴言四・二〇、二二）

あるとき、一人のらい病人がイエスのもとにひざまずいてこう言いました。

「お心一つで、私はきよくしていただけます。」（マルコ一・四〇）

キリストは手を差し伸べ、彼に手をおいてこう言われました。

「私の心だ。きよくなれ」（マルコ一・四一）

主イエスは「わたしの心だ」と言われました。主の言葉は今も真実です。主はそのらい病人だけをいやすのが御心であったなら、「あなたの場合はわたしの心だ」と言われたかもしれません。条件をつけて語られたはずです。

聖書は、神が平等な方であることを明確に教えています。使徒ペテロは、神はかたよったことをなさらない方であると宣言しています（使徒一〇・三四）。なぜそれが重要なのでしょうか。これは神が一人をいやされたなら、他の人をもいやしてくださるということを意味するからです。そして、主が二人の人をいやされたなら、二百万人の人々をもいやしてくださるでしょう。

はさみを使って

奇跡はイエスと使徒たちの時代で終わったと信じるクリスチャンがいることは驚きです。ある人がオーラル・ロバーツにこう言いました。

「私はいやしが今日もあるとは信じません」

オーラルははさみを手に取り、

「あなたの聖書を貸してください」

と言いました。そして、その聖書とはさみを手渡しながら、

「このはさみを使っていやしに関するすべての御言葉を切り取ってごらんなさい」

と言ったのです。その紳士は答えて
「それはできません。聖書をだめにしてしまうでしょう」

と言いました。オーラル・ロバーツは一瞬間を置いてこう言いました。

「あなたは神がいやしをなさらないと言うことによって、まさにそれと同じことを行っているのですよ」

いやしは過去のものではなく、現在のものでもあります。神はモーセにこう言われました。

「もし、あなたがあなたの神、主の声に確かに聞き従い、主が正しいと見られることを行ない、

またその命令に耳を傾け、そのおきてをことごとく守るなら、わたしはエジプトに下したような病気を何一つあなたの上に下さない。わたしは主、あなたをいやす者である。」（出エジプト一五・二六）

神はモーセに、かつて御自身がアブラハムやモーセに行われたことを言われたのではありません。神が今日彼のためにされることについて話されたのです。それは現在のためでした。いやしが過去のものなら、神は「わたしはあった」と言われたでしょう。しかし、永遠の神は「わたしはある」と言われたのです。

神は現在も変わらぬ神です。そして、主が現在も主であるがゆえに、主の約束は現在も有効なのです。聖書は歴史を教える書物ではなく、今このときのための生きた御言葉です。聖書は現在時制でこう宣言しています。

「神の約束はことごとく、この方において『しかり。』となりました。それで私たちは、この方によって『アーメン。』と言い、神に栄光を帰するのです。」（第二コリント一・二〇）

神の言葉は現在の言葉です。それは常に、今のためにあるのです。それが書かれた当時も、聖書は「現在」のものでした。今日も、それは「現在」のものです。これから後も、聖書は常に「現在」のものです。聖書はこう述べています。

「あなたがたが新しく生まれたのは、朽ちる種からではなく、朽ちない種からであり、生ける、いつまでも変わることのない、神のことばによるのです。」（第一ペテロ一・二三）

全能の神が「わたしは新しい契約を立てる」と言われたのは、旧約の教えが不必要になったという意味ではありません。聖書はすべて（創世記から黙示録まで）神の霊感を受けた今日のための御言葉なのです。

イエスはこう言われました。

「わたしは、よみがえりです。いのちです。わたしを信じる者は、死んでも生きるのです。」（ヨハネ一一・二五）

「また、わたしがあなたがたに命じておいたすべてのことを守るように、彼らを教えなさい。見よ。わたしは、世の終わりまで、いつも、あなたがたとともにいます。」（マタイ二八・二〇）

「わたしが道であり、真理であり、いのちなのです。わたしを通してでなければ、だれひとり父のみもとに来ることはありません。」（ヨハネ一四・六）

神はこう言われました。

「主であるわたしは変わることがない。ヤコブの子らよ。あなたがたは、滅ぼし尽くされない。」（マラキ三・六）

「イエス・キリストは、きのうもきょうも、いつまでも、同じです。」（ヘブル一三・八）

誰かが「奇跡の時代は終わったのですか」と聞くなら、何と応えるべきでしょうか。私はこのように言います。

「奇跡の時代などというものはありません。奇跡の神がおられ、神は常に変わることのない方です」

驚くべき報告

私たちの仕える神がどれほど創造性に富んでおられるかということは、いつも驚かされます。集会が始まる前から多くの人々がいやされます。ある人々は何千マイルも離れた場所にいるのに、誰かがその人のために祈った瞬間にいやされるのです。

私は神がどのようにいやされるかということを説明することはできません。ただ、神がいやしてくださるということは知っています。次章から、多くの証しをとおして恵みを受けられるでしょう。

次のような方々の報告です。

- ひどい痛みの伴う神経痛に苦しんだオクラホマの看護婦
- 特異な血液の病気と闘ったカリフォルニアの青年
- 心臓にバイパス手術を行なう予定だったインディアナの男性
- 眼球を含む先天性の欠陥のあったテキサスの少女
- 悪性の腫瘍を患っていたカリフォルニアのレストラン経営者
- 脳下垂隊の腫瘍に苦しんだフロリダの女性

- 悪化する整形外科の問題を抱えていたバーモントの女性
- 心臓病を患ったテキサスの青年
- 再起不能の背中のけがを負ったニューメキシコシティに住むトラックの運転手
- 脳が損傷したアイオワの少女

ティミー・バラード、ジュリー・ピール、ダニー・ガルシア、スザンヌ・フリックのような人々の驚くべき報告を読むうちに、なぜ私がキリストのいやしを大胆に宣言するのかという理由を理解できるようになるでしょう。

私の経験したことのゆえに、神の約束とキリストの備えのゆえに、今日こそあなたのために奇跡が起こる日であると私は信じるのです。

第三章　今がその時です

ジャニス・ヒッチスは恥ずかしく思いました。

一九九四年一月一〇日、寒い冬の朝でした。ジャニスは自分が副院長と臨床部長を務めている末期患者のためのホスピスに入ろうとしていました。そして凍り付く階段に足をかけたとたん、足をすべらせてしまったのです。

「私はそのとき、何冊かの本と書類を家から持ってきていましたが、それがみな四方に散らばってしまいました」

と彼女は思い出しながら語っています。

ジャニスは起き上がろうとして、さらに二度倒れました。一度は右肩の上に、二度目は左手首の上に倒れかかりました。周りにいた人々は、彼女を助けようと駆け寄ってきました。

「私は顔が赤くなるのを感じました。起き上がっては倒れ、また起き上がっては倒れたのです。どたばたコメディーの一シーンのように見えたに違いありません」

正看護婦であった彼女は、倒れることよりも、不格好な姿を人々に見られることを気にしていました。ついに落ち着きを取り戻すと、彼女は書類を集めて仕事に向かって行きました。

その日のうちに、肩の痛みはひどくなるばかりでした。彼女はこう述べています。

「私は書こうとしましたが、手が思いどおりに動いてくれません。すべてのことを秘書に口述しなければなりませんでした」

その日の午後遅くなって、彼女はこう思いました。

「あまり大げさなことはしたくないけれど、検査を受けた方がよいかもしれないわ」

上司と相談した後、レントゲンの機械がジャニスの部屋に運ばれてきました。検査した結果は、右ひじに小さな破砕が見られるということで、右腕がつり包帯にかけられました。

「大きなはれはありませんでしたが、本当にひどく痛みました」

そのときには、左の手首には何も痛みがありませんでした。

約二週間後、右腕の痛みが続くので、上司は彼女を整形外科医に見てもらうように取り計らいました。さらにレントゲンが撮られ、身体より細い組織も検査されましたが、やはり小さな破砕が見られるだけで、深刻なことは何もありませんでした。

「骨は短期間で治りましたが、右腕の痛みは毎回、痛みを増し加えていきました」

痛みはあまりに激しくなり、ジャニスは仕事をやめなければなりませんでした。

混乱の始まり

毎月、右手と右腕は痛みを増し加えていきました。次第に大きく腫れてくると同時に、冷たく、青くなっていました。ジャニスはこう語っています。

「私の心はあせり、混乱しかかっていました。どこかに私を助けてくれる人がきっといるはずだと感じていました」

二人の息子、マイケルとガボルも近くに住んでいたので、できるだけ助けようとしましたが、何も効果がないようでした。親友の看護婦もジャニスを何とか助けようとしました。

何カ月も通った医者は、最後にこう言いました。

「私たちにできることはもう何もありません。ただ腕を温かく保つようにしてみてください」

一九九四年六月、自分で解決の道を捜すしかないジャニスは、それまで診察を受けた医者を変えて、大きな評判の良い整形外科病院に申し込みをしました。診察の許可は降りたものの、初診は九月十二日まで待たなければなりませんでした。

「その間私は、家族のかかりつけの病院へ行き、緊急室で恐ろしい痛みに苦しみながら幾晩も過ごしました。ときには自分が死ぬのではないかと思ったり、またいっそのこと死んだ方がいいと思うこともありました」

七月には、左手首に別の傷を負ってしまいました。ジャニスは椅子から立ち上がろうとして、左手で強く押したのです（右手は痛みのために使えませんでした）。その瞬間、左手首に痛みが走りました。しばらく後には、右腕と同じような症状（腫れ、麻痺、痛み、冷え）が左腕に現れ始めました。

ジャニスは何人かの医者に相談しましたが、誰も何をすればよいのかわかりませんでした。彼らは、腕の循環器と神経の一部が完全に詰まっていると言いましたが、その理由を解明することはできませんでした。

ジャニスは新しい病院の診察日を心待ちにしていました。その日、診察してくれる医者は、その地域で最も優秀な整形外科医であるということを聞いていたからです。

「九月のその日までに、私の両手はひどく腫れ上がっていました」

ついに答えが

その病院の看護婦は、ジャニスにガウンを着せ、検査用のベッドに横たわるように言いました。医者が部屋に入ってきて自分の新しい患者を一目見ると、「ああ、なんということだ！」と叫びました。それから、すばやく図表に目をやり、彼女の名前を確かめてこう言いました。

「ジャニス。あなたは重い自律交感神経ジストロフィーにかかっています」

さらに検査した後、医者は続けました。

「自律神経節を封鎖する治療をしなければなりませんね」

それは外科針を使って脊《せき》柱の神経に薬物を施し、神経をまひさせる治療でした。整形外科医は、ジャニスに説明してこう言いました。

「その治療の目的は、神経の中心部から来る信号を封鎖することです」

医師はジャニスのために、すぐその外科治療を始めるように手配してくれました。

三日後に、ジャニスの右手と右腕の痛みを止めるために、三回にわたる自律神経封鎖の治療が行われました。ついに八カ月後、ジャニスは容赦なく苦しめる痛みからいくらか解放されるのを感じ始めました。治療は効を奏し、右手と右腕の反射自律神経ジストロフィー（ＲＳＤ）は少し良くなりました。

しかし、もっと深刻であったのは、ジャニスの左手首でした。左腕のＲＳＤは、右腕のときのようには治療の効果が表れなかったのです。

ジャニスはさらに集中的な自律神経封鎖の治療を受け（さらに八カ月以上かかりました）、その度に少しでも痛みがなくなることを願ったのに、全く効果はありませんでした。それに加えて、右肩にも新たな痛みを感じ始め、医者はそのためにも外科治療を試みました。

[redacted]

WORKER'S COMPENSATION PROGRESS REPORT

WORKER'S COMP CARRIER	NAME [redacted]	EMPLOYER	[redacted]
	ADDRESS [redacted]	EMPLOYEE	Janice F. Morse
	[redacted]	DATE OF	01-10-94
	[redacted]		CLAIM # [redacted]

DATE	DESCRIPTION OF SERVICE	CHARGE
03-14-95	***STATEMENT ATTACHED***	

PROGRESS REPORT

This is an orthopedic report on the above patient. Ms. Morse returns for follow up examinatio today on her right shoulder. She apparently has been attending physical therapy at Priority Care i regards to her right shoulder and been receiving modalities as well as exercise treatments. She reports to me that her shoulder is still sore and tender principally it hurts her in the front or anterio aspect of the shoulder and also back into the parascapular area and posterior aspect of the shoulde as well. Any type of forced abduction or external rotation is quite painful for her. She has not ha a recurrence of reflex sympathetic dystrophy of her right arm or shoulder area.

Physical examination today reveals that range of motion of her right shoulder is limited. She ca abduct about 90°, externally rotate about 60° before there is pain, and before she voluntarily limits motion. I notice that she had extreme signs and symptoms of reflex sympathetic dystrophy on he left upper extremity. I don't notice the same on the right. So, her skin is of fairly norma appearance, color, sensation is intact, and there is no obvious hypersensitivity like there is on the left side.

This patient is still complaining of right shoulder pain and I think it is reasonable to continue a course of physical therapy in regards to the right shoulder. I certainly do not think that this patient is a candidate for any type of surgical intervention in regards to her shoulder. Conservative treatment is indicated in her condition. She informs me that she is being considered for a dorsal column stimulator to combat the rather severe reflex sympathetic dystrophy of her left arm, and judging by her physical examination today and just the appearance of her left arm, I would go ahead and encourage placement of a dorsal column stimulator by [redacted].

This patient will return to see me in six weeks. At that time we may consider using Dexamethasone patch to treat her shoulder condition.

I declare, under penalty of perjury, that I have examined this report and all the statements contained herein and, to the best of my knowledge and belief, they are true, correct, and complete

03-14-95

[redacted]

この報告書はジャニスの右肩の動かせる範囲が限られていること、左腕が重症自律神経ジストロフィーであることを示す。

卒業の日

ＲＳＤとその治療法について理解を深めるために、ジャニスは八週間の集中教育プログラムに参加するように勧められました。それは彼女が外科治療を受けていた病院のリハビリ・センターで行われ、ＲＳＤに関して最も権威のある医師が行っているものでした。同じ病気をもつ患者たちが、様々な地域から集まって来ました。

ジャニスは、初めて参加した日のことをよく覚えています。

「一つのセッションの中で、担当の社会福祉指導員がこう言いました。『今日は四人の方が卒業されます。その方々に、この病気に関して何を学んだか、またこれから自分のために何ができるのか、そして自分の残りの人生はどのようになると思うか、それぞれ発表していただきたいと思います』」

ジャニスは、その患者たちがほとんど同じことを言うのを熱心に聞きました。彼らはみなそのプログラムを終えたのですが、ＲＳＤが治った人は一人もいませんでした。彼らはこのように言いました。

「これからも痛みは続くでしょう。そして医師は治療をしてくれます。でも、症状は次第に悪化していくでしょう」

ジャニスは卒業する人が車椅子で去って行くのを見て、声に出してこう言いました。

「みんなはこのプログラムに登録するかもしれないけど、私はしないわ」

彼女はまた、ＲＳＤにかかった人たちの中には、自殺を試みる人もいることを学びました。

十一月頃には、病気の治療のために疲れきっていました。整形外科の専門医の診察を受け、自律神経封鎖の治療を施す医師たちと会い、週に五日間外科治療を受け続けていました。

何カ月も過ぎましたが、彼女は医師が話したこと以外は何もしませんでした。そして、彼らがジャニスに言うことは、「これは時間がかかりそうだね」ということだけでした。

一九九五年三月三〇日、ジャニスは手術を受けました。これは彼女の脊柱に刺激物を置いて、痛みがやわらぐかどうか試験的に見るためのものでした。ジャニスはこう説明します。

「要するに、私の脊柱に電極を入れられたのです」

ジャニスがその装置によく耐えたので、医師たちは一九九五年四月二五日、永久的に刺激物を彼女の中に植え込みました。

「私は背中に電線をつけ、お尻に電池とコンピュータ式の発電機を組み込まれたのです。苦しみを少しでも和らげるためには、何でも受け入れようとしていました」

この病に苦しむとき、ジャニスは多くの時間看護婦の助けを必要としていました。手術の後には、小さなことをするのにも助けが必要となり、二四時間付き添いの看護婦が身の周りの世話をするようになりました。彼女はますますベッドから離れなくなり、鎮痛剤を服用し続けましたが、決して充分に効くことはありませんでした。彼女の左腕と手には未だに腫れ上がり青くなっていました。

そして冷たく、ねっとりとしていました。

右肩の痛みも続いていました。肩を動かせる範囲は限られていました。少し手を上げると、もう痛みのためにそれ以上動かすことができませんでした。彼女の左腕と手は腫れ上がり青くなっていました。そして冷たく、ねっとりとしていました。

右肩の痛みも続いていました。肩を動かせる範囲は限られていました。少し手を上げると、もう痛みのためにそれ以上動かすことができませんでした。

五月五日、金曜日、ジャニスは病院の治療から解放されました。「もう私たちにできることは何もありません」と言い渡されたのです。

チャンネルを回して

すでに何カ月の前から、医学的に今の状況から逃れる見込みはないことをジャニスは悟っていました。そこまで追い詰められて、彼女は神の言葉に助けを求め始めました。コンコルダンスを使い、聖書の中に出てくる「いやし、いやされた、いやす、いやし主」という言葉をすべて調べたのです。一つひとつの御言葉を読みながら、彼女は神が奇跡的にいやすことができるということを信じるようになりました。

ある日、ジャニスは偶然テレビのチャンネルを回し、『今日があなたの日』という私たちの番組を見ました。人々が神のいやしの力を証しするのを聞きながら、非常に興味深く感じました。

テレビの画面の下の方には、一九九五年五月十一、十二日にオクラエホマ市のミリアド・コンベンション・センターでクルセードが開かれるという宣伝が出ていました。ジャニスが親友のジュンにそのことを話すと、

「私たちは行くべきだわ」

と言われました。

「私はほとんど歩くこともできないのよ」

とジャニスは悲しそうに応えました。左足にも痛みがあり、ＲＳＤが足にも影響するのを恐れていたのです。

「難しいのはわかっているわ」

と親友は言いました。

「長老派の教会に新しい車椅子があったから、あれを借りて行きましょうよ」

ジャニスは、

「でも、いやされるのが確かでなかったら行きたくないわ」

と言いました。

「それはあなたと神さまの間の問題よ。私はただのドライバー」

とジュンが応えました。

集会に行く直前に、ジャニスは脊柱の刺激物の電気を切り（移植されたわずか一六日後でした）、ハンドバッグに入れていた薬をすべて捨ててしまいました。

「こんなもの必要なくなるわ」

と、彼女は信仰を行動に移したのです。

ジャニスを車椅子に座らせるために、二人の助けが必要でした。彼らは木曜日に車を走らせ、クルセードの会場に始まる何時間も前に到着し、列の一番前の方に並んでいました。

待っている時間の痛みはひどいものでしたが、それはすでに一六カ月経験してきたことでした。

ドアが開くと、車椅子の人たちのために予約されている席に案内されました。

聖歌隊が練習を始めたときから、ジャニスは一緒に歌っていました。彼女はバプテスト教会で育ち、ほとんどの歌をよく知っていたのです。

「あまりにうれしくて、私は両手を高く上げて歌っていました」

彼女は、身体からひじを離して動かしてはならないという医師の命令をすっかり忘れていました。移植手術で切開した首から腰にかけての大きな傷はまだいやされていなかったので、注意されていたのです。

「手を高く上げた瞬間、背中の傷に何かが起こっているのを感じました」

彼女は生き生きと思い出しながら、そう語っています。すべての痛みが瞬間的に消え去りました。

ジャニスは親友の方を向いてこう叫びました。

I, Lala [redacted] R.N. had under
my care, for three months, Janice
Szekely Fuchs. I made visits to her hom
and directed care given to her by a
nursing assistant. [redacted].

Following Janice's surgery & hospitaliz
the last week of april 1995, I took he
to my home where, with the help of
Ms. Vinson we could give her 24 hr
Nursing care. She remained in my hom
under my care untill May 12, 1995
Her doctor's verbal instuctions to
me included, bed rest with Bath roo
priviledges for the first week. The
Second week Janice was able to walk
to the dining room for meals & even
step out into the sun in the back
yard.

[redacted]

この手紙はジェニスが脊柱に刺激物を置いた手術をした後に担当の看護婦が書いたメモ。クルセードで神に触れられた日以来、以前現れた症状がないことを示す。

「ジュン。背中の傷がいやされたわ！」

誰も彼女の上に手をおいたり祈ったりはしませんでした。けれども、いやしが起こったのです。賛美の時間が続き、ジャニスはその油注ぎに満ちた雰囲気の中で、再び手を上げて主を賛美しました。彼女は次に起こったことを説明して、このように言っています。

「突然、熱湯の渦巻の中へ足を踏み込んだように感じました。それは足元から足首、そして脚の周りを上って行きました。さらに、胴から頭、上げている両手へと、波のように上がって行ったのです」

彼女は独り言を言いました。

「まあなんてことでしょう。いったい何が起こっているのかしら」

渦巻のような感覚が身体からひいていくと、腕の痛みがなくなっていることに気づきました。

「私の両手は突然に全く普通の手になっていました。病気など一度もしたことがないかのようです。腫れも、青くなっていた部分も完全に消え去っていました」

ジャニスはあまりに興奮して、車椅子から飛び上がり、通路を走って講壇の方へ向かおうとしました。二人の案内係が彼女の腕をつかみ、

「どこへ行こうとしているのですか」

と言いました。ジャニスは、

「わかりません。でも、私がいやされたことを誰かに伝えなければならないんです！」

と答えました。

「まだその時間ではありません」

と案内係が言いました。

彼女が車椅子を置いてきたことに気づくと、一人の案内係は彼女に付き添い、もう一人が後ろに行ってジュンを見つけました。彼らは講壇に近い席に移されました。

集会が進行し、私は神のいやしを証しする人がいれば出て来るように尋ねました。二人の案内係はジャニスの席へ走り、

「今がその時です！」

と言いました。

ジャニスは講壇に上り、手が元の大きさに戻り、完全に痛みがなくなったことを証しし、公に主をほめたたえたのです。

何が起こったのか

その晩、彼女は赤ちゃんのように眠りました。もう薬はいりません。もう苦しみはありません。助けも必要ありません。

ジャニスは次の診察予定日であった六月一三日を待ちきれない思いでした。彼女は病院に行って、何も言いませんでした。ただ診察台の上で医師を待ちながら、両手を伸ばしていました。入って来た医師は、彼女を一目見るなり叫びました。

「いったい何が起こったのですか？」

ジャニスは喜んで報告しました。

「いやされたのです。神さまの奇跡です」

医師はしばらく彼女を見つめた後、

「ジャニス。私は祈りの力を信じるよ。本当に信じるよ」

と言いました。そして、こう付け加えました。

「もうあなたは病院に来る必要はないでしょう。私のすることはありません」

リハビリセンターに戻ったときも、ジャニスにとって忘れることのできない瞬間でした。人々は彼女が完全に正常な腕と手で歩いて来たのを見て驚きに包まれました。

彼女のために長い間働いた人々は、療法士、秘書、その他の専門家たちを呼び、ジャニスに何が起こったのかを皆で確かめようとしました。彼らは彼女の身体に起こった突然の変化に口もきけないほどでした。

ジャニスは一九九五年五月十一日にいやされて以来、脊柱の刺激物の電源をつけたことはなく、鎮痛剤を服用することもありませんでした。その次に医師に会うと、彼女は脊柱の刺激物を取り除

[redacted]

June 13, 1995 — post Healing 5/11

[redacted]

Re: Janice Morse
[redacted]

[redacted]

Ms. Morse came to see me today. She finished her extensive RSD Program at the Occupational Health Center. She had a trial of dorsal column stimulator and a permanent one placed and is doing fantastic. The only problem she has is a few weeks ago she fell down the stairs at her home and bruised her back but she did not injure the dorsal column pack and she states her back is all right now and she feels better. She stated that most of her symptoms of RSD are under control and she is doing remarkably well. She is not taking much medication and she is feeling better. She is acting and feeling like a different person.

Physical Examination: My examination today revealed remarkable resolution of most of her RSD symptoms, remarkable improvement with range of motion, no more stiffness, and good use of her extremity. She looks remarkably better.

Recommendation: I am recommending that we do a vocational assessment on this lady and then see her back in one month and at that time I will do final rating and release. In the meantime she is to continue her same program. If you have any questions please do not hesitate to call me.

I declare under penalty of perjury that I have examined this report and all statements contained herein, and to the best of my knowledge and belief, they are true, correct, and complete.

Sincerely,

[redacted]

　この報告書は反射自律神経ジストロフィーの症状がもはやないことをジェニスの主治医が示したもの。一九九五年六月一三日、ジェニスがクルセードに出席した後、一カ月後の診断結果。

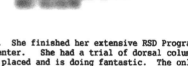

いてくれるようにと頼みました。電源の部分が埋められた身体の箇所に痛みをもたらしたからです。

「もうこんなものは必要ありません」

と彼女は移植してくれた医師に頼んで話しました。

彼女の申し出は少し困った問題を生じました。

「あなたの身体に入っている装置は、二万ドルもするのですよ。それをただ取ってくださいと言うのですか？」

と医師が言いました。そして、こう付け加えたのです。

「あなたの保険会社は怒るに違いありません。私があなたに不必要な手術をしたと思うでしょう」

医師はその装置を修正して、他の場所に移植することを提案しました。

ジャニスはこう言いました。

「彼らに本当のことを話したらいいじゃないですか。私は以前それが必要でした。そして今はもう必要がないのです！」

ついに一九九五年一〇月三一日、その装置は取り除かれました。

ジャニスは凍りつく階段の上で倒れた朝、恥ずかしく感じていました。しかし今は、主が彼女を完全にいやしてくださったことを、遠慮することなくどこででも証ししています。

偉大なる医者に学ぶ

イエスは舟に乗って湖を渡り、自分の町に帰られた。すると、人々が中風の人を床に寝かせたままで、みもとに運んで来た。イエスは彼らの信仰を見て、中風の人に、「子よ。しっかりしなさい。あなたの罪は赦された。」と言われた。すると、律法学者たちは、心の中で、「この人は神をけがしている。」と言った。イエスは彼らの心の思いを知って言われた。「なぜ、心の中で悪いことを考えているのか。『あなたの罪は赦された。』と言うのと、『起きて歩け。』と言うのと、どちらがやさしいか。人の子が地上で罪を赦す権威を持っていることを、あなたがたに知らせるために。」こう言って、それから中風の人に、「起きなさい。寝床をたたんで、家に帰りなさい。」と言われた。すると、彼は起きて家に帰った。群衆はそれを見て恐ろしくなり、こんな権威を人にお与えになった神をあがめた。

（マタイ九・一〜八）

第四章　ティミーのすばらしい金曜日

一九九一年、九歳の息子ティミーが偏頭痛を訴えたとき、母親のテリー・バラードは「きっと遺伝だわ」と思いました。彼女自身がよく偏頭痛に苦しんでいたので、息子のことにあまり心配しないようにしたのです。

それから数カ月のうちに、テリーと夫のティムは、かわいい息子の健康が突然悪化していくことに気づきました。ティミーが学校に行くために階段を降りてくると、足に痛みを感じることがよくありました。最初は、成長に伴う痛みだろうと思っていましたが、次第に問題がもっと深刻なものであることに気づくようになったのです。

ティムとテリーは一九八一年に結婚し、カリフォルニア州ブレアで自分たちの将来と家庭を主に献げていました。翌年、長男のティミーが生まれましたが、わずか二一〇〇グラムくらいでした。

続いて次男のアロンが生まれ、ティミーの良い兄弟となり、また予期しなかったその後の時期に、ティミーを支える必要な友となりました。

バラード夫婦はカトリック教会の会員であり、「御霊の息」という名の伝道団体の働きに深く関わっていました。彼らは子供の教育にも自分たちを献げ、優しい愛に満ちた親でした。

時が過ぎていく中で、ティミーの病気の重大さが明らかになってきました。あるときティミーは一日に四五〇グラムも体重を減らすようになりました。体調は急激に悪化し、体重は二三キロから二七キロくらいに減ってしまったのです。テリーの腕に軽々と抱えることができるほどでした。

母親はティミーの顔を見て、あごに大きなあざができているのに気づき、びっくりしてしまいました。彼女はこう語っています。

「私はそれを見た瞬間、このあざはただ何かにぶつかったというような普通のものではないことがわかりました」

彼女はティミーの身体を調べ、大きなあざが体中にあることを発見しました。背中にも脚にも、腕にもありました。何かがひどくおかしいに違いないと母親は考え始めました。

砕かれた希望

ティミーはついに一九九二年二月二日、病院に行きました。医師たちは、九歳のティミーの骨が、七歳くらいの子供の骨ぐらいにしか成長していないのを見て不思議に思いました。そこで彼らは、どこが悪いのかを発見するために、さらに様々な検査を続け、CTスキャン、EEG（脳の働きを検査する）、MRIなど、医師たちはティミーの身体を懸命に調べました。ティミーの弱くなった身体に侵入した正体不明のじゃま者が何なのかを、どうにか見つけ出そうとしたのです。

ティミーを診断するために、六カ月かかりました。最初は白血病かもしれないと言われ、次には脳に腫瘍があるか、骨の癌かもしれないと言われました。

ついに最終的な診断結果がバラード夫妻に知らされる日が来ました。

「あなたの息子さんは非常にめずらしい血液の病気にかかっています」

と医師が言いました。ティミーの身体に抗リン脂質症候群があり、それが血液の細胞を破壊し、身体を弱めていると言うのです。そして、それは命にかかわる可能性があるということでした。

基本的に、ティミーの免疫組織が不必要な抗体を産み出し、その抗体が体中の組織を痛めつけていたのです。

両親は、カリフォルニア州でティミーと同じようなケースがわずか八件報告されているだけだということを知らされました。また、MRIスキャンによって発見されている脳の異常は、おそらくこの病気によって引き起こされた梗塞か脳出血を示しているということも明らかになりました。

残念なことに、医師たちは問題点を発見することができましたが、その解決方法を見つけることはできませんでした。父親はこう語っています。

[redacted]
BALLARD, TIMOTHY

Admitted 2/5/92
Discharged 2/7/92

DISCHARGE SUMMARY

ADMITTING DIAGNOSES:
1. Weight loss of thirteen pounds.
2. Severe headache.
3. Severe leg pain.

FINAL DIAGNOSES:
1. Weight loss of thirteen pounds.
2. Severe headache.
3. Severe leg pain.

HISTORY OF PRESENT ILLNESS:
Timothy is a nine-year-old with an eight-week history of weight loss, mo severe over the last two weeks. He evidently had had a poor appetite, however it has picked up recently. The weight loss has been complicated by severe leg pain. Usually the leg pain involves the muscles of the thighs and calves. Initially this was thought to be growing pain, howev it has become much more severe, especially over the last week. The pain is severe over the right leg just above the patella and, at times, his l has given out on him.

Mother notes that he has not looked well and that especially when he is pain his face becomes pale and dull. The pain lasts about two to six hours. He does not actually have morning stiffness but the leg begins t hurt after going down the stairs. He has not had any trauma or fall in this area.

He has been having headaches, which started about nine months ago after a fall from the bed. Usually the headaches are on the right side and he describes them as being a "dull knife sticking into" his "brain." Advil helps somewhat. He denies any photophobia or aura. He feels nauseated and on a few occasions he has vomited. The headaches usually come after activity.

He has not had any fevers. He did have the flu in December. He has not had any polyuria or polydipsia. There has been no rash except under his axilla which mother feels is secondary to sweating. He has had asthma since he was 11 months of age but has not required any medications recently. He had travel history to Israel and Rome. His stools have bee softer and in the past there have been no ova or parasite noted in his stool. Review of systems is otherwise negative.

DISCHARGE SUMMARY　　Page 1

診断結果の後、ティミーの病状に異常がない旨を記した報告書。

「ティミーに対して抱いていた私たちの希望は崩れ去っていくようでした。私たちの目前でティミーの命は痛みの中で滅び去っていくようでした」

この頃には、ティミーは学校に行くことができず、家庭教師を頼まなければなりませんでした。手の震えが次第にほどくなり、子供たちが当然することもできなくなってきました。一〇分か一五分遊ぶと、もう完全に力を使い果たしてしまいます。

しかし、幸いなことに、ティミーは勇気ある闘士でした。彼はあきらめることを拒んだのです。ティミーはこう話しています。

「ただ生き続けるために、毎日薬物治療を続けました。もうだめかと思うときもあったけど、とにかく、きっといつか良くなる時が来ると思っていたんです。僕はよくこういう告白をしていました。『神さまが一緒におられるんだ！』」

病気は休みなくティミーの身体を攻撃し続けました。あるＦＥＧの脳検査では、脳に異常な活動が発見されました。見通しは困難な状況でした。

戦いの中で

もはやバラード夫妻が拠り頼むことができたのは、キリストのいやしの力に対する揺るがない信仰だけでした。

「私たちは自分たちだけでこの試練を通されているわけではないことを知っていました」

ある夜、ティミーが寝る前に、彼女は主の導きを感じて息子にこう言いました。

「私が約束するわ。そして、このことを預言します。ティミーの身体のすべての傷は、栄光に変えられます」

テリーは、息子がキリストの苦しみに与るにふさわしい者とされたと感じていたのです。

けれども、彼らの信仰は試され続けました。次の年も、痛みに満ちた年となりました。家族の一人ひとりは、それぞれ自分の戦いに直面しなければなりませんでした。弟のアーロンは「僕は最愛の親友を失おうとしているのだろうか」と悩んでいました。彼はこのように祈ったのです。

「主よ。ティミーはいったい良くなるのでしょうか。そして、もう一度僕と一緒に遊べるようになるのでしょうか」

父親のティムはこう述べています。

「私たちがティミーを失うのではないかと思ったこともありました。しかし、自分たちは霊的な戦いをしているのであり、その結果が肉体的なことに現れているのだということを知っていました。文字通り、攻撃をしてくるサタンの力を縛りました」

またこうも語っています。

「私には多くの疑問がありました。しばしば主にこう尋ねたのを覚えています。『このような所を通されるあなたの目的はいったい何ですか?』また別のときには、ティミーを取り去らないでくださいと主に訴えていました」

家族の誰もが、主はティミーをいやすことができるということを知っていました。彼の病気について報道した新聞記事においても、神の力に対するバラード家の信仰が認められていました。

カリフォルニア州南部の集会において、私はよくバラード一家を目にしました。彼らはできることを何でもして奉仕しようとしていました。

一九九三年一〇月、アナハイムのミラクル・クルセードで、彼らを講壇に呼び、数千人の会衆にティミーと心を合わせるように頼みました。そして、十一歳の少年ティミーは、もう一度単純に、自分の身体をいやしてくださるようにと祈りました。

私はティミーの家族の側に立ち、こう言いました。

「彼らは地上で最も尊い人たちです。悪魔がティミーの命を奪おうとしていますが、私たちはそれを許しません」

あるとき、テレビにも映されている中で、ティミーは静かにこう語りました。

「主よ、どうか僕をいやしてください。あまりに長く求め続けています。主よ、どうか今、僕をいやしてください」

私も祈りました。

「私たちは皆、ティミーに心を合わせます。主よ、私たちは心を合わせて、この小さなティミーがいやされることを信じます。この悪い病は消え去っていくことを信じます」

それから私は、顔を上げて主にこう語りました。

「ああ、神さま。私がティミーにいやしてあげることができたなら、私は喜んだでしょう。でも主よ、私にはできません。ただの人間だからです。けれども、あなたはいやし主です。あなたこそ、偉大なる医者です。あなたはえこひいきのない方です。この少年をいやされるのはあなたです。イエスの御名によって、どうかいやしてください」

その瞬間、ティミーは神の力によって倒されました。床に横たわっている間に、彼は主がはっきりと語られるのを聞いたのです。私はクルセードの会衆にこう言いました。

「ここで泣いているティミーの顔を、皆さんも見ることができたらと思います」

私は彼に、「ティミー、主が君を愛しておられることを知っているね」とささやきました。

そのとき、ティミーは主が語られた言葉を私に話し、私はそれを会衆に伝えたのです。

「主は床に寝ているティミーにこう語ってくださいました。『今はまだその時ではありません。けれども、時はまもなくやって来ます。ティミー、それはまもなくやって来るのです』

「今は言えません」

その三カ月後、一九九四年のイースター直前の週でした。テリーは二人の息子をカトリックのミサに連れて行きました。ティミーがそこでも祈られ、神の聖なる臨在をもう一度感じました。主は再びティミーに語られました。この時は、後に起ころうとしていることについて具体的に教えてくださったのです。

ティミーはそのときのことをこう語っています。

「神さまは、『金曜日にいやされるでしょう』と言われました。そしてぼくは、それを心の底から信じました」

ティミーはアーロンとテリーが座っていた席に、目に涙を浮かべながら戻って来ました。そして、急いで弟の横に座ると、肩を抱いて「アーロン。イエスさまがぼくに語ってくださったよ。でも、何を言われたかは今話せないんだ」と話しかけました。

母親がその言葉を聞きつけて、「何が起こったの？」と尋ねました。けれどもティミーは答えませんでした。帰り道、母親はこう一度同じ質問を繰り返しました。ティミーはこう答えました。

「今は話せないんだよ。主が言っても良いと言われるまで、他の人に言ってはいけないって言われたんだから」

翌週はティミーの人生の中で最も困難な一週間でした。病気がひどくなり、大きな痛みの中で苦しみました。

次の金曜日、一九九四年四月一日は、ティミーにとってすばらしい金曜日となりました。カリフォルニア州アナハイムのアロウヘッド・ポンド会場で、私たちに命を与えるために苦難を受けられたキリストの死を記念し、特別な聖餐式《せいさんしき》が開かれました。そこに、私たちと共に数千人の人々が集まりました。

聖歌隊が『ハレルヤ』を歌う中で、私は「皆さん、聖霊によるいやしの力が今ここにあります」と言いました。そして、主の導きに従っていやされている病気の名前を宣言していきました。ティミーも、そのときのことをよく覚えています。

「そのとき、あまりにも力強い神の臨在を感じて、ほとんど打ち倒れそうになるのを感じました。それは瞬間的に起こりました。弟は隣に座り、両親は奉仕のチームを助けていました」

私はその時、集会の中でこのように尋ねました。

「神の力が自分の上に来るのを感じた人、そして神が自分に触れていやしてくださっているのを感じた人たちは、席を立ち上がって講壇の右と左に並んでください」

ティミーがその言葉を聞いたとき、弟に「ぼくは行かなければならないよ」と言いました。「何のために?」とアーロンが言いました。

ティミーはこう答えました。

「とにかく、行かなければならないんだよ」

父親のティムはそのときのことを回想してこう話しています。

「私たちは前に出て来た人々に証しを聞く奉仕をしていました。列は非常に長くなっており、突然、列のいちばん後ろにティミーが並んでいるのを目にしました。私は『ティミーは何をやっているんだ。証拠もなくて立ち上がっていやされたということはできないのに』と思ったのです」

母親のテリーも奉仕者たちに加わって助けているとき、ティミーが講壇に近づいて来るのを見ました。彼女がティミーの所に行くと、彼は「時が来たよ。牧師に伝えに行かなければ」と言いました。

ティミーは後ほど、私にこう言いました。

「ベニー牧師。僕が講壇に近づいたとき、なぜかは知りませんが、こちらを振り向きましたね。そして、ぼくを見て、あなたにはわかったのです。ただ、あなたにはわかったのです！」

ティミーが講壇に上がったとき、私は会衆にこう尋ねました。

「皆さん、彼を覚えていますか？　この小さな少年を覚えていますか？」

全会衆は拍手喝采しました。多くの人々が、十二月の夜に講壇に上ったこの少年を覚えていたのです。

「ついにその日がやって来ました！」と私は叫びました。「その日がやって来たのです！」

神はバラード家の人々が計画し、創造した以上のものを備えてくださっていました。私はティミーに尋ねました。

「ティミー、何が起こったんだい？」

「主はこう言われました。『金曜日にいやされるでしょう』そして、『それが起こるまで、他の人に言ってはいけない』とも言われました」

それからティミーは、私を見上げてこう言いました。

[redacted]

ALIGN HERE

PATIENT NAME	PATIENT ID NO.	DATE
BALLARD, TIMOTHY	361017	COLLECTED 04/13/94

ACCESSION NO.	AGE	SEX	SAMPLE ID NO.	OTHER ID NO.	
A0596331	11	MALE	W44660	POST COPY	RECEIVED 04/14/94

REMARKS [redacted]

REFERRING PHYSICIAN ~~NOT/GIVEN~~

REPORTED 04/14/94

STATUS FINAL

TEST	RESULT (* = OUT OF RANGE)	UNITS	REFERENCE RANGE
ANTICARDIOLIPIN ANTIBODIES			
ANTICARDIOLIPIN IgG AB	<10	GPL Units	<10 NEGATIVE 10-20 LOW POSI 21-100 MODERAT >100 HIGH POSI
ANTICARDIOLIPIN IgA AB	<12	APL Units	<12 NEGATIVE
ANTICARDIOLIPIN IgM AB	<10	MPL Units	<10 NEGATIVE 10-20 LOW POSI 21-80 MODERATE >80 HIGH POSIT

ティミーがいやされた二週間後、採血テストの結果、血液に異常はないと診断されたもの。

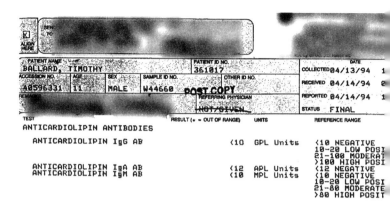

「今が時です！」

そのすばらしい金曜日、多くの人々の頬に喜びの涙が流れました。主がティミーの人生にしてくださったことのゆえに、私たちの心は感謝に満ち溢れたのです。

起きなさい！

二日後のイースターの朝、ティミーに起こった変化は、彼が神の超自然的な御手に触れられたことを証明するのに充分であることがわかってきました。

母親はこのように言っています。

「最初のしるしの一つは、ティミーの身体にあった一四のいぼが、金曜日以来完全に消え去っていたことです」

その週、ティミーの食欲は突然正常に戻りました。二、三日のうちに、彼は再び弟と一緒に遊べるようになりました。体力が劇的に回復していたのです。

ティミーはもう一度、血液の検査を受けました。今度は以前と状態が違っていました。

ある朝早く、まだ家族が寝ているとき、電話が鳴りました。それは医師からの良い知らせで不必要な抗体がなくなっているということでした。

テリーはティミーの部屋に駆け込み、こう叫びました。

「起きなさい！　起きなさい！　すばらしいニュースよ。抗体がなくなっているんですって！」

ティミーは母親を見て、当たり前のように返事をしました。

「知ってるよ」

「もうパパが話したの？」

と母は尋ねました。

ティミーは見上げて
「違うよ。イエスさまがそう言ったんだから」

と言うと、再び眠ってしまいました。

バラード一家は死の陰の谷を歩きました。しかし、主はいつも共にいてくださったのです。ティミーと家族にとって、すばらしい金曜日はいつも特別な祝いの日となることでしょう。

偉大なる医者に学ぶ

イエスがカペナウムに入られると、ひとりの百人隊長がみもとに来て、懇願して言った。「主よ。

私のしもべが中風やみで、家に寝ていて、ひどく苦しんでおります。」 イエスは彼に言われた。「行って、直してあげよう。」

しかし、百人隊長は答えて言った。「主よ。あなたを私の屋根の下にお入れする資格は、私にはありません。ただ、おことばをいただかせてください。そうすれば、私のしもべは直りますから。と申しますのは、私も権威の下にある者ですが、私自身の下にも兵士たちがいまして、そのひとりに『行け。』と言えば行きますし、別の者に『来い。』と言えば来ます。また、しもべに『これをせよ。』と言えば来ます。また、しもべに『これをせよ。』と言えば、そのとおりにいたします。」

イエスは、これを聞いて驚かれ、ついて来た人たちにこう言われた。「まことに、あなたがたに告げます。わたしはイスラエルのうちのだれにも、このような信仰を見たことがありません。あなたがたに言いますが、たくさんの人が東からも西からも来て、天の御国で、アブラハム、イサク、ヤコブといっしょに食卓に着きます。

しかし、御国の子らは外の暗やみに放り出され、そこで泣いて歯ぎしりするのです。」

（マタイ八・五～十二）

第五章　新たな階段を上って

一九九一年三月二日、午後十一時半頃のことでした。四五歳のジェリー・ウッドと妻のキャシーは、インディアナ州エバンズビルにある自宅の寝室でくつろぎながら、テレビを見ていました。ところが、突然警告もなしに心臓発作がジェリーを襲ったのです。

「私は信じられないくらい驚きました」と、エバンズビルの南のオハイオ・リバーでトラック用給油所を経営していたジェリーは語っています。

「鋭い痛みが腕と手首を貫き、私は床に倒れてしまいました。

キャシーは急いで救急車を呼び、「早く来てください。主人が死にそうです」と話しました。緊急医たちが到着したときのことを、ジェリーはほとんど覚えていません。「私は人々が私の口にものを詰め込み、針を刺されるのを感じましたが、何も見たり聞いたりはできませんでした。ただ、自分が死のうとしていることはわかりました」

ジェリーは何度も失神を繰り返していました。病院に向かって飛ぶように走る救急車の中で、緊急医たちは彼の舌の裏にニトロを差し挟み、腕にもモルヒネを注入しました。

発作が襲った瞬間から、ジェリーは心にこう訴えつづけていました。

「神さま。どうか私を死なせないでください。まだ準備ができていません。まだ準備ができていないのです！」

どん底

神に語るということは、ジェリーの生活の中で通常のことではありませんでした。ベトナム戦争から戻ったとき、彼は怒りに満ちた若者でした。彼はこう告白しています。

「私は故郷に帰って来て、世を憎み、自分自身を憎みました。私の人生はアルコール、けんか、虚偽、裏切り、そして近くにいる人々を傷つけることに始終していました」

自分の精力的な外見を保つために、彼はいつも銃を携帯し、ますます麻薬に依存するようになったのです。

結婚に失敗し、両親が亡くなり、ジェリーはどん底をさまよっていました。

「ついに一九八四年、孤独で絶望しながらも何とか人生を立て直そうとしていたとき、キャシーが私の人生に現れました。彼女は意志の強い女性で、私がまさに必要としていた存在でした」

ジェリーとキャシーは教会に加わりましたが、神が人生の中心ではありませんでした。彼はこのように語っています。

「私たちはほとんど礼拝に行きませんでした。人生は仕事、オートバイ、ボート、小型トラックなどを中心に回っていました。そのようなもので遊べる唯一の日が日曜日でした。私は神から遠く離れ、自分のことに忙しかったのです。

しかし、病院のベッドに横たわる今は、いくつかの新しい現実に直面しなければなりませんでした。心臓学者は詰まった冠状動脈を広げるために、小さな気球のようなものを入れる処置をし、このように説明しました。

「あなたの心臓は決定的なダメージを受けています。体内の組織と動脈に負った傷は、回復することがないでしょう」

彼はまた、仕事のスケジュールを大幅に減らすように言われました。毎日午後には二時間の休みを取り、重いものを運ぶことは避け、厳しい特別な食事制限をしなければならないということでした。

変化は容易に起こりませんでした。九カ月後、ジェリーとキャシーがデパートで買い物をしている途中に、突然ひどい胸の痛みがジェリーを襲いました。不安定なアンギーナによって、心臓発作と同じような痛みをもたらす状態が引き起こされたのです。

彼は衣料品売り場に座り込み、再び病院に運び込まなければなりませんでした。再度カテーテルの挿入が行われ、医師は彼の心臓障害のために医薬を施すことに決めました。トラック用給油所におけるジェリーの仕事の一つは、大きな貯蔵タンクの頂上に上り、燃料の計器を調べることでした。「一番上まで上るのに、一〇二の階段がありました」と彼は説明しています。「私ははっきりと知っています。何度も何度も数えたからです」

彼は一日に一〇錠の薬を服用し、両腕の下にニトログリセリンの膏薬を張り付け、やっとのことで仕事をしていました。

「しばしば階段の途中で立ち止まり、上りきるために錠剤を飲んでまた上るということがありました。いちばん上にたどり着くと、気を失って倒れないようにと、横たわって休むこともよくありました」

一九九二年一〇月二〇日、長男の結婚式の前日、レセプションの会場準備を手伝っていると、再び激痛が腕に走りました。せっかくのお祝いのときを台無しにしてはいけないと思い、彼はそのことを誰にも言いませんでした。

「翌日、何とか式の間は持ちこたえました。レセプションの後、会場の片づけを手伝うために、家に電気掃除機を取りに戻りました。そして、家の玄関を降りようとしたとき、また気を失い始めたのです。何とか車に乗ろうとしましたが、そのまま舗道に倒れてしまいました」

近所の人が妻のキャシーに連絡し、ジェリーは三度目の病院へ運ばれました。

「意識を戻しながら、私は神の恵みでなければもうとっくに死んでいたはずだという思いが浮かんできました」

このときから、ウッド一家は聖書を信じる教会へ定期的に行くようになったのです。

胸の痛みのために四度目に病院を訪ねたとき、医師はジェリーに障害者としての登録を申し込むように勧めました。彼の体調で今の仕事を続けることは難しかったからです。

「私は自分が情けないように感じました。芝を刈ることも、たき火を運ぶことも、車を洗うことさえもできませんでした。歩く距離も限られ、買い物に行くこともできなかったのです。少し歩き過ぎたりすると、すぐに息が切れ、胸に痛みを覚えました」

そのため、キャシーが生活の糧を得なければなりませんでした。

シンシナティへのバス旅行

一九九三年の初め、ジェリーとキャシーは私たちのクルセードのチームがオハイオ州シンシナティに来るということを聞きました。

「私はテレビであなたの番組を何度か見ていたので、すぐに行きたいと思いました」とジェリーは言っています。

ジェリーがクルセードのことを教会の友だちに話すと、多くの人が行きたがったので、以前彼が運転のアルバイトをしたことのある会社からバスを借りることにしました。同じ町の他の人々も乗って行けるように取り計らいました。

クルセードは、一九九三年の三月二十五、六日に開かれました。

ところが、シンシナティに行く予定の前日、ジェリーは五度目の病院へ行かなければなりませんでした。医師は彼にこう伝えました。

「私たちはすでに四度のカテーテル挿入と血管形成術を行いました。これ以上問題が続くようでは、心臓の手術をしなければなりません」

「ちょっと待ってください！」とジェリーは叫びました。

「今はできません。非常に重要なことのために旅行しなければならないのです」

「すぐに手術をしなければ、何が起こるかわかりませんよ」

しかし、ジェリーはこう主張しました。「いいえ、もう少し待たなければなりません。でも、オハイオから帰って来たらすぐに準備します」

医師たちは、ただ首を振るだけでした。三月二三日、ジェリーは自分で病院を抜け出しました。翌日、人々はバスに乗り、シンシナティに向かいました。しかも、ジェリーがそのバスを運転していたのです。シンシナティへの旅行はほとんど災難とでもいうべきものでした。バスは走り始めるときから故障し、修理しなければなりませんでした。天気はあいにくの雨で、バスの温度調節は効かず、乗客は明らかに運転手の健康を心配していました！

エバンズミルからの一行は、ちょうど朝の集会に間に合うようにシンシナティに到着しました。ジェリーはこう述べています。

「ベニー牧師。あなたが途中でメッセージをやめてこう言った時のことを忘れることはできません。『この中に、もしも今死んだら主と共にいるという確信のない人がいるなら、すぐに講壇の所に出て来てください』」

ジェリーとキャシーは、この言葉を聞くと真っ先に講壇の方へ走って行きました。ジェリーはこう告白しています。

「私がキリストに人生を全く明け渡したのは、あの瞬間でした。私はイエス・キリストが人生の主となってくださり、私の心に永遠に生きてくださるように祈ったのです」

その晩ジェリーがバスを運転して会場に戻って来ると、駐車場は車でいっぱいでした。グループの人たちを入り口で降ろし、ジェリーは会場の裏側にようやくバスをとめることができました。家族と親友の何人かは、ジェリーと一緒にいました。彼の健康状態を非常に気遣っていたからです。

ジェリーは一つの問題を乗り越えなければなりませんでした。会場のドアの所まで行くのに、少なくとも六〇以上の段がある階段を上らなくてはならなかったのです。すぐに胸の痛みを感じ、立ち止まってニトロの錠剤に頼らなければなりませんでした。

一緒にいた友人の一人、マリアン・ラチャンスはこう言っています。

「ジェリーはひどく痛そうにしていました。私たちは皆、彼の状態をすごく心配していました」

彼らはやっとのことで、会場に入ることができました。

「仲間たちは群集の中に消え、残っている席は会場の一番上の方だけでした。上っていくのは不可能に思えました」とジェリーは語っています。

息を切らしながら、一歩一歩階段を上って行きました。いちばん上に着いたときには、キャシーは涙ぐんでいました。

「私は彼がまた心臓発作を起こして死んでしまうのではないかと恐れていました。ますます悪くなっていくばかりだったのです」

突然の風

その夜の集会は力強いものでした。集会の途中に、主は何か特別なことをしようとされていると語られました。

「今主が多くの人々をいやそうとされています」と私は言いました。「どうぞ静かにしてください。この会場の中をいやしの風が吹こうとしているからです」

ジェリーとキャシーは手をつなぎ、立って息子のジェレミーのために祈っていました。ちょうどそのとき、突然風が吹いてきて、ジェリーの顔に当たり、彼は席の間に倒れたのです。ジェリーは後ほどこのように話しています。

「これは私にとって全く新しい経験でした。神の力によって倒れるということも初めてでした。他の人々が倒れるのを見たことはありませんでしたが、私には理解できなかったのです」

その瞬間に、ジェリーのバスに乗って来た違う教会の女性が、別の席からジェリーの所に来てこう言いました。

「あなたは新しい心臓を与えられましたよ。いやされたのです！」

キャシーもその瞬間を覚えています。

「身をかがめてジェリーに触れると、彼の皮膚は熱く、服は汗でずぶ濡れでした。まるでシャワーを浴びたかのようでした」と彼女は言っています。

ジェリーは最初に立ち上がろうとしたときのことを、このように語っています。

「私の足はあまりにぐらつくので、立てるかどうか自信がありませんでした。しかし、しばらくして、何か驚くべきことが起こっているのに気づきました。突然、身体が全く違ったように感じたのです。私はいやされたのだということがわかりました。私の身体から巨大な重荷が取り去られたような感覚でした。一マイルでも走れるほどに感じました」

ジェリーはその晩、証しをするために講壇に出て行くことはしませんでした。しかし神のすばらしさを人々に伝えることをためらったりはしませんでした。

「ホテルに戻った後、私はホールを走り回りながら、このすばらしいニュースを周りの人々に伝えました。ある人々には気違いかと思われましたが、私は気にしませんでした。ニトロの錠剤を放り出し、私たちは共に一晩中主を賛美したのです！」

証拠を求めて

　ジェリーは月曜日の朝、給油所に戻って主がなしてくださったことを人々に伝えるのが待ち切れませんでした。

「一日に七五から百ぐらいのトラックがこの給油所にやって来ます。そして、運転手たちは皆、私がどれほどひどい病にかかっていたかを知っていました。私が最初にやって見せたことは、いちばん大きなガソリン・タンクに走って行って、主を賛美しながら一段飛ばしで階段を駆け上がって行くことでした。そして、再び駆け降りて来ると、皆は私がまた心臓発作で倒れるのではないかと思って周りに集まって来るのです。しかし、私は心配しなくてもいいと言いました。私は完全にいやされたからです」

　ジェリーはいやしの医学的な証明を求めて、病院に行きタリウム検査を受けることを願いました。彼はクルセードの前、定期的にその検査を受けていたのです。その度にジェリーは踏み台に乗せられ、どこまで目標心臓度数に近づけるかを調べられました。心臓の鼓動が最も早く脈打つとき、タリウムを注入されてさらに一分あまり調べられます。タリウムを用いることにより、医師は心臓の状態をより良く見ることができ、異常があればそれを発見しやすくなるのです。

ジェリー・ウッド
タリウム検査の結果表

Date Test Given	Target Heart Rate*	Top Heart Rate Achieved	% Target Heart Rate Achieved	Impress
3/13/91	158	126	79%	Abnorn
1/24/92	157	118	75%	Abnorn
3/18/92	157	113	72%	Abnorn
8/17/92	157	119	76%	Abnorn
3/23/93	156	108	69%	Abnorn
Jerry healed at Benny Hinn crusade March 26, 1993				
4/16/93	156	156	100%	NORMA
1/18/94	155	167	100+%	Norma

* adjusted by age

しかし、医師の返事はジュリーを失望させました。タリウム検査をする必要はなく、薬を続けて服用しなくてはならないと言われたからです。医師はまた、緊急に手術をする必要があることを強調しました。

再検査を受ける決心をしていたジェリーは、同じ教会の医師に頼んで別の心臓専門家を紹介してもらいました。

「私はその診療所に着いたとき、自分の過去の状態については話しませんでした。偏見のない検査報告が欲しかったからです。検査の前に書かなければならなかった調査表の質問にも全部は答えませんでした」

彼の年齢から推定される最大鼓動数の八五から九〇パーセントが目標心臓度数とされていて、ジェリーがどこまでその目標に到達するかが見られるわけです。踏み台に乗って歩くことによって、これを調べるのですが、ジェリーは決してその目標に達したことはありませんでした。

一九九一年、心臓発作のしばらく後、ジェリーは目標度数の七九パーセントで検査をやめなければなりませんでした。息が切れ始めたからです。その後の結果も、七〇パーセント代を上下するだけでした。いつも胸の痛みを覚えて中止しなければならなかったのです。

しかし、この時の検査結果は違いました。九分テストしただけで、医師は止めるようにと言いました。

「なぜですか?」とジェリーが尋ねました。「もう目標に達したからです」と助手が答えました。

「すべてが完全に正常です」

ジェリーは目標度数の百パーセントに達したのです！ 彼は「主を賛美します！」と叫びたいところでしたが、落ちつきを保ちました。

検査を終えた後、看護婦が言いました。「ウッドさん。書類のためにもう少し質問しなければならないことがあります。胸の痛みを感じていますか?」

「いいえ」

「息切れがするのですか?」

「いいえ」

「何か他に不都合な点がありますか?」

「いいえ！」

「ではなぜここに来たのですか?」と看護婦は尋ねました。

「お医者さんが手配してくれたので、私はその指示に従っているだけです」

しかし、外に出たとき、自分の感情を抑え切ることはできませんでした。駐車場を走り回り、彼は喜びの叫び声を上げました。

それまでのタリウム検査では、ジェリーの心臓の壁にいつも異常が発見されていました。一九九三年四月一六日の検査では、初めて正常という結果が出されたのです。しかも、そのとき彼は薬も使っていなかったのです。

何が見つかったのか

数日後、夫の心臓が完全に正常であるという報告を受け取った後、キャシーはその検査をしてくれた医師に夫婦で面会を申し込みました。面会の中で、医師はこう尋ねました。

「問題がないのに、なぜ来るのですか」

キャシーは「何か見つかりませんでしたか？」と逆に尋ねました。

「いいえ。何一つ異常はありません」と医師は言いました。

「心臓の半分近くが死んだ状態ということはなかったのですか？」

「全くそんなことはありません」

「動脈に異常はありませんでしたか？」

「なぜそんな質問ばかりするのですか？」と医師は理由を知りたがりました。

キャシーは、ジェリーに心臓の問題があって、手術を受けなければならないところだったことを話しました。

「医師は笑って、本当にそうなら書かれた記録を見てみたいものだと言いました」と彼女は思い出しながら語っています。

[redacted]

August 8, 1994

RE: Jerry C. Wood

To Whom It May Concern:

I am writing this letter concerning my patient, Mr. Jerry Wood, whom I have followed for ischemic coronary artery disease since 1991. He has had a previous lateral wall infarction and has had several angioplasties of the circumflex, left anterior descending and right coronary arteries. He was last admitted to the hospital in 1993 for mild, unstable angina and mild hyperlipidemia, but these problems were well controlled medically. His last thallium stress test was in February of 1994 and this showed an extremely high level of exertion at 13 minutes of a Bruce protocol with no diagnostic ST segment shifts and no clinical anginal symptoms. His nuclear scans showed only fixed lateral wall scarring without reversibility and all other areas looked to have completely normal perfusion. At this point, he appears to be extremely stable clinically with no evidence of any significant coronary obstructive disease at this time. He was released to all full, normal activities without restrictions, and at this point appears to be essentially cured since he has not had any symptoms since March of 1993. He is on a low-saturated fat, low-cholesterol diet and should maintain this indefinitely.

I hope this information is helpful in your determination, and I will be happy to provide further information as needed.

Sincerely,

[redacted]

一九九四年八月八日、ジェリーの主治医が書いた手紙。ジェリーの激痛を伴う心臓発作は、一九九三年三月二六日に主の力強い臨在を体験した後、その症状は発見されていないと述べた。

彼らは完全な記録を車に置いていたので、ジェリーが取りに行きました。ジェリーはその時のことをこう言っています。

「医師は驚きました。そしてこう言ったのです。『私は今まで本当の奇跡を見たことはありませんが、今初めてそれを目にしました！』」

一九九一年に心臓発作を起こして以来ジェリーを担当していた医師についてはどうでしょうか。彼は最初疑っていましたが、一九九四年八月八日、奇跡が起こった十七カ月後、このように記録を書きました。

「完全かつ規制のない正常な状態に回復された。現時点で、一九九三年三月以降どのような症状も見られないため、根本的に治癒されたものと思われる」

ジェリーは今も喜んでいます。

「いやされて以来、薬も飲まず、痛みもなく、一切併発もありません。そして、もちろん手術は受けませんでした」

この奇跡はエバンズビルにあるＮＢＣテレビの地方局で話題に取り上げられました。

「主は私に触れてくださっただけでなく、キャシーや息子ジェレミーの人生にも働いてくださり、家族中が主の恵みに与っています」

とジェリーは言っています。

今でもジェリーは、一〇二段の階段を駆け上がっています。そして、心臓の鼓動が脈打つ度に、主を賛美し続けているのです。

偉大なる医者に学ぶ

またイエスは道の途中で、生まれつきの盲人を見られた。

弟子たちは彼についてイエスに質問して言った。「先生。彼が盲目に生まれついたのは、だれが罪を犯したからですか。この人ですか。その両親ですか。」

イエスは答えられた。「この人が罪を犯したのでもなく、両親でもありません。神のわざがこの人に現れるためです。

わたしたちは、わたしを遣わした方のわざを、昼の間に行わなければなりません。だれも働くことのできない夜が来ます。

わたしが世にいる間、わたしは世の光です。」

イエスは、こう言ってから、地面につばきをして、そのつばきで泥を作られた。そしてその泥を盲人の目に塗って言われた。「行って、シロアム（訳して言えば、遣わされた者）の池で洗いなさい。」

そこで、彼は行って、洗った。すると、見えるようになって、帰って行った。

（ヨハネ九・一～七）

第六章　今日はジュリーの日

「ジュリー。上を見上げてみなさい！」

これは四歳の少女ジュリーが母親のジャンから何度となく聞かされた言葉でした。ジャン・マックルア・ピールは検眼師であり、自分の娘の両目をしばしば調べました。ジュリーはブラウンズ症候群と診断されました。それは右の眼が一定以上上がらないという状態でした。

ピール一家はテキサス州南部のリオ・グランデ渓谷にある小さなロマという地域に住んでいました。そこでジュリーの父親のジョンは、医学的な働きと共に宣教を行っていたのです。

「私たちは娘の状態に最初の頃から気づいていました」とジャンは言っています。

「彼女が天井や空を見上げる度に、左眼は自然に上がるのですが、右眼はある点まで上がって止まってしまうのです」

この問題を解決しようと、ジュリーは度々頭を傾けました。成長していく中で、友達はジュリーが少し違っているのに気づいてからかいました。ジュリーはこう語っています。

「私が公園の遊び場で遊んでいるとき、上を見上げようとすると、いつも友達に笑われました」

兄のジェイソンは、この間彼女の良い友となり、励ましとなりました。

ピール夫妻は、ジュリーが学校に入ったときにどうなるかを心配していました。教室の黒板やOHPのスクリーンを見上げるとき、問題になるのはわかっていたからです。

めずらしい状態

ジャン・ピールはジュリーの眼の障害について多くのことを学びましたが、実際に助ける手立てがないことに悩んでいました。

「ブラウンズ症候群は非常に珍しいもので、私たちが診察した約五千人の患者の中に一人もいませんでした」

彼女は医師としてこのように説明しています。

「私たちの眼の動きをコントロールする六つの筋肉があります。上、下、右、左の動きをコントロールする筋肉の他に、眼の裏側の角に二つの筋肉があります。一つは眼の斜め下側に、もう一つは斜め上側に位置しています。これらが、ジュリーの問題の源なのです。それは六つの中で最も長く細い筋肉です。それは眼に付いており、骨の小さな穴を通って三角になり、また眼に付きます。眼の垂直の動きをコントロールする滑車のような働きをしているのです」

ブラウン症候群の人々は、その長くて細い筋肉のさやが太くなっており、それが骨の小さな穴を通して滑らかに動くことを妨げているのです。それは外傷によっても、遺伝によっても引き起こされることがあります。

ジュリーの状態の原因が何かは確かではありませんが、出産時に血膜出血が右目にあったことが記録されています。充血のために赤い点が眼にあったのです。私たちは手術に反対しました。手術の結果、併発症の起こる可能性があり、安全を保証することはできなかったからです。あるケースでは、子供たちが読むときに二重に見えるという問題を一生負わなければならないこともありました」

ジュリーは四歳になってピアノのレッスンを始めました。

「普通の子供のようにはジュリーが楽譜を見上げることができないのを先生に伝えなければなりませんでした」と母親は言っています。ジュリーもそのことを覚えています。

「先生たちは、楽譜を鍵盤の上に置いたり、椅子の上に本を積み重ねてその上に私を座らせたりしました」

Juliet Elizabeth Peel

R Ok	L Ok	Primary Position	
R Ok	L Ok	Left Gaze	
R Ok	L Ok	Right Gaze	
R slightly below midline + left	L Ok	Left Upward Gaze	
R cannot elevate above primary position	L Ok	Straight Upward Gaze	
R very slightly above primary position + [illegible]	L	Right Upward Gaze	

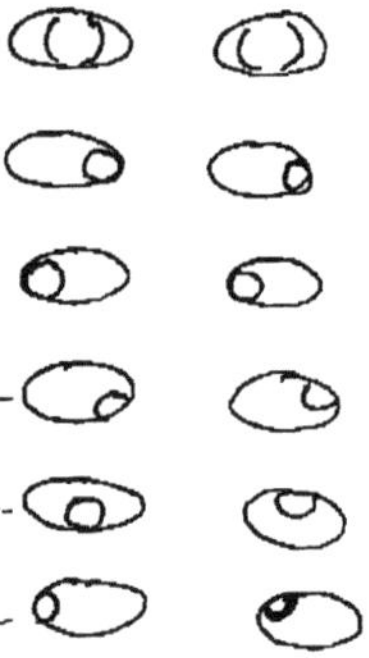

Astanopia and diplopia on all upward gaze. Condition worsens on left upward gaze. Tilts chin upward to avoid diplopia. Age 3—supression still has not developed—probably because of infrequency of upward gaze. Measures approx. 18^{Δ}-25^{Δ} vertical imbalance.

一九九〇年十一月五日、ジュリーが三歳の頃に検査された両目検査報告書。右眼が一定以上上がらないブラウンズ症候群であることを示す。

いやしを主張する

ピール一家は信仰に満ちていました。

「私たちは、主がいつかジュリーをいやしてくださると常に信じていました」とジャンは言っています。「私の母はいつもこう言っていました。『ジュリーがこのように生まれたのは目的あってのことなんだよ。お前が眼科医でジュリーがめずらしい病気をもってきたのも、決して偶然ではないのだからね』」

ある日、ジャンの母親は彼女に、神がいやしをなさるときに証拠が必要になるだろうからね、眼の写真を撮っておくように言いました。そして、幸いなことに、彼らはそのとおりにしたのです。

ピール夫妻が私たちの働きについて耳にしたのは、数年前のことでした。「ロマではクリスチャンのチャンネルを見ることはできなかったので、他の町に住む友人が番組を録画したビデオを送ってくれるのを見ていました」とジョンは語っています。「それらのビデオテープには聖霊の油注ぎがあるのを感じました。私たちは神がなさっていることに興奮していたのです」

後ほど私たちの毎日の放送がＴＢＮを通して見られるようになったので、彼らは喜びました。

一九九二年二月二四日、月曜日の午後のことでした。一時三〇分に私たちの番組が始まったとき、ジャンは家の中を掃除していました。

「私は掃除をしながら、リビングルームを行ったり来たりしていました。『今日はあなたの日』というその番組を見るのが大好きだったジュリーはソファーに座っていました。番組の終わり頃、私がいやしのために祈っているとき、母と娘は私がこう言っているのを聞いたのです。『右の眼がいやされています。誰かの眼が、神の力によって今いやされています』」

ジャンはこう言っています。

「何かが私の心の中で飛び上がるように感じました。私は娘に『今のを聞いた？　そのいやしを主張しましょうよ！』と言って、座っていたジュリーの所に行って眼の隅に手を置きました」

筋肉に障害のあったその場所に手をいたのです。

眼が震えていた

ジャンが手をおいたとき、ジュリーは鋭い痛みがあるかのように「ううっ」と力の限り叫び声を上げました。

「床から静電気が走っているわけでもないので、私は驚きました。また、私が彼女の眼を突いたわけでもないことはわかっていました。ただびっくりしてしまったのです。最初に考えたことは、「何が起こっているのだろうか」ということでした。次に「ああ主よ、もしかしたらあなたが筋肉を切ってゆるめておられるのでしょうか？」と考えました。

その瞬間、四歳の娘は叫びました。

「目が動くの、ママ。目が動いているの！」

「どういう意味なの？」

ジュリーは飛び上がりました。ジャンが彼女の右目を見たとき、娘の言っている意味がわかりました。

「彼女の眼は垂直に上へ下へと動いていたのです。私は自分の見ているものを信じることができませんでした。眼がそのようにひとりでに震えて動くことはできないことを知っていたからです」

それまで何度も、ジャンは娘に「目を上げて上を見なさい」と言ってきました。それはいつか眼がいやされることを期待していたからです。このときジャンはもう一度、そのことを娘に言いました。

その瞬間、ジュリーの眼は少し躊躇し、それから解放されました。四年間と一〇カ月の間で初めて、ジュリーの眼が両方共に等しく上に上がるのを、私は驚きながら目にしました。それはあまりにも短時間に起こりました。もしそのことについてゆっくり考える時間があったら、奇跡は起こらなかったかもしれません。しかし、疑ったり、分析する時間はありませんでした。神さまは単純に働きをなさったのです。

ジャンはひざまずきました。

「私は畏れに打たれ、何を言ったらよいかわかりませんでした。自分が新約聖書に出てくる主イエ

[redacted]

eptember 10, 1995

e: Julie Peel

o: Benny Hinn Ministries

THis letter is to testify of a deficit Julie Peel had during the arly years of her life. Julie was born in what appeared to be an neventful delivery other than it was precipitous. At birth a small ubconjunctival hemmorrhage was noted on physical exam but no other eficit was noted. After several years of life Julie's mother asked e if I noticed anything about Julie's eyes. An inability to look pward was noted especially with the eye adducted. The eye otherwise eemed to have normal vision. At that time we discussed the possibility f birth trauma in that the delivery was somewhat delayed due to the ace to get to the hospital. Jan; Julie's mother made a tremendous ffort not to push. Julie was delivered upon arrival at the hospital. 'e felt that perhaps attempts to delay an immenent delivery had caused ressure on that eye resulting in permanent damage to the superior blique muscle of the right eye. The defect was noted at about 1 year nd patching was attempted to strengthen the right eye to treat amblyopia.

I am not sure of the details of what happened but I can testify that Julie nas normal range of motion of both eyes and there is no residual inability of upward gaze of the right eye in adduction or in any other position.

[redacted]

検眼師であるジュリー・ピールの母親が他の医師から診断報告書を得、ジュリーにブラウンズ症候群の症状は確認されていないとする手紙。

スの脇の釘あとにさわったトマスと同じであるような気がしました。私は奇跡に触れたのです」

兄のジェンソンが帰って来ると、彼は興奮して何度もジュリーに上を見上げるように言いました。奇跡を何度も目にして確認したかったのです。「彼は主がなさったことに本当に驚きました」とジャンは言っています。

生まれたばかりの赤ちゃんが眼を慣らすように、ジュリーの眼も慣らすのに少し時が必要でした。私たちはさらに祈り、主に信頼しつづけたのです。そして、一九九二年十一月に、アーカンソーのリトルロックにおけるクルセードで、ジュリーの眼は再び触れられ、それ以来彼女の眼は完全になりました。

神の目に小さくはない

ジャンはもう一人の医師にジュリーの眼を検査してもらえいました。彼はこう書いています。

「ジュリーの両眼は正常な範囲で動き、右眼の上を見るときの障害や内転、その他の症状は一切残っていない」

一九九五年一月の放送で、私はこのように言いました。

「もしあなたが医者であり、奇跡を証拠づけることができるなら、ぜひあなたからの報告を聞きたいと願います」

ジャン・ピールはその言葉を聞きました。

「私はジュリーのいやしについてベニー・ヒン・クルセードに何も伝えていないのを申し訳なく感じました。感謝の気持ちがなかったわけではありません。また教会でもその他の場でも、多くの人々に証しをしました。しかし、その日私は診療所に行き、神が娘をいやしてくださった証しを文章にしたのです」

ジュリーの状態は命に関わるものではありませんでした。しかし、彼女に起こった奇跡は、主がどのような問題にも、大きな問題にも関心を持ってくださることを証ししているのです。

ジャンはこう述べています。

「神がいつ奇跡を行われるかということはわかりません。しかし、どのような時であっても、主は『今日はあなたの日ですよ』と言ってくださる方なのです」

偉大なる医者に学ぶ

イエスがエリコに近づかれたころ、ある盲人が、道ばたにすわり、物ごいをしていた。

群衆が通って行くのを耳にして、これはいったい何事ですか、と尋ねた。ナザレのイエスがお通りになるのだ、と知らせると、彼は大声で、「ダビデの子のイエスさま。私をあわれんでください。」と言った。

彼を黙らせようとして、先頭にいた人々がたしなめたが、盲人は、ますます「ダビデの子よ。私をあわれんでください。」と叫び立てた。

イエスは立ち止まって、彼をそばに連れて来るように言いつけられた。

彼が近寄って来たので、「わたしに何をしてほしいのか。」と尋ねられると、彼は、「主よ。目が見えるようになることです。」と言った。

イエスが彼に、「見えるようになれ。あなたの信仰があなたを直したのです。」と言われると、彼はたちどころに目が見えるようになり、神をあがめながらイエスについて行った。これを見て民はみな神を賛美した。


（ルカ一八・三五〜四三）

第七章　予期せぬ神の訪れ

「どうして、こんなに早く家に帰って来たの？」とディアンヌ・スコットは驚いて夫のレイに尋ねました。それは一九九二年六月六日のことでした。

「どこか具合が悪いの？」

カリフォルニア州ベイカーズ・フィールドで人気のあるレストランを経営していた三〇歳のレイは、それまで一度も早退したことがないのを誇りにしていたのです。けれども、その日は違いました。

「心配しないで。ちょっと横になりたかっただけだよ」と彼は言いました。

いつもは健康な元海兵隊の軍曹であったレイモンド・スコットは、ここ二週間ほど身体がだるいように感じていましたが、気にしないようにしていました。しかし、その朝は腹痛を感じて、痛みが去らなかったのです。彼はこう語っています。

「私は昼食の客たちが去って行くまで店にとどまっていましたが、腹痛はますますひどくなっていきました」

ディアンヌは「救急医務室に行った方がいいわよ」と主張し、彼らは病院に行きました。

当直の看護婦はレイに「盲腸炎じゃないかと思うけれど」と言いました。

しかし、さらに調べてみて、

「ちょっとよくわかりません。医者に詳しく診てもらう必要がありますね」と告げたのです。

意外な発見

医師たちが調べると、大きな固まりがあるようだということでした。彼らはこのように言いました。

「スコットさん。すぐに手術の予定を立てなければなりません」

医師たちは、その固まりが何かは言わず、レイも尋ねませんでした。ただ彼らは、レイが麻酔に対してアレルギーをもっているので、痛み止めのために脊柱封鎖をしなければならないと話しました。

レイは予想以上に長く手術台に載せられていました。二人の医師が発見したことは、良いニュースではありませんでした。非常に大きな腫瘍が健康な虫垂を文字通り食い尽くし、近くの腸の部分にも穴が開いていたのです。その虫垂と腸が腐敗し始めたために生じた壊そと腹膜炎が、痛みを引き起こしていたのでした。腫瘍は大腸と小腸を結ぶ結腸を取り巻いていました。医師団は、腸の一部と隣接しているリンパ腺結節を切り取ることによって腫瘍を除き、縫い合わせたのです。

二日後、レイ・スコットと妻は病院の部屋でマイケル・ランドンの『天国へのハイウェイ』というテレビ番組を観ていました。その日は癌を患った若い女性の話でした。

「ちょうどそのテレビのスイッチを切ったときに、一人の医師が部屋に入って来ました。彼は非常に実際的な態度でこう話しました。『スコットさん。私たちは注意深く組織を調べましたが、あなたが癌であることを伝えなければなりません』」

レイはまた、その悪性の腫瘍が破裂して、芽が出たような細胞をお腹の右下の部分に撒き散らしていることを知りました。リンパ腺結節も陽性の反応を示し、医師たちは彼が深刻な状態になることを認めたのです。

そのことを伝えてくれた医師が部屋を去って後、レイとディアンヌは抱き合ってただ泣きました。同じ週に、腫瘍に関する会議が病院で開かれ、レイのケースが議題となりました。その会議には放射線医学者、腫瘍学者、外科医、その他の医師たちが集まっていました。

話し合いの結果、どのような見通しが立ったのでしょうか。彼らは広がっていく癌を防ぐ予防措置として、腹部全体に放射線を当てることについて議論しました。しかし、薬と、肝臓や腎臓を放射線から守るために、その計画は除外しなければなりませんでした。最終的には、科学療法を始めることと、部分的な放射線治療を施すことが決められました。

レイは将来のことを考えると、落胆せずにはいられませんでした。二人の美しい娘、リンゼイとアシュレイはまだ六歳と九歳です。そのことを思うと、また涙があふれてくるのでした。

すぐに五週間の放射線治療が始まり、また科学療法が始まりました。一年後には、何回かにわたる回腹手術が始められました。最初は一九九三年三月五日、小さな腸を防いでいたものが取り除かれました。

「私はインスタントのオートミールと流動食に飽き飽きしてしまいました」と彼は語っています。

さらに増殖した癌が見つかり、九〇センチほどの腸が切り取られました。またもう一つのリンパ腺結節も癌のために陽性の反応を示しました。

何が起こっているのか?

七カ月後、夕方夫妻が家にいるとき、レイが「これを見て！」と叫びました。突然、胃が内側から押されて巻かれたようになったのです。レイは痛みを感じ始めました。恐ろしくなって、二人は急いで病院に駆け込みました。以前の手術の傷跡に発展したヘルニアがひどい痛みを起こしていたのです。

そのヘルニアの性質上、三度目の手術は至急行われました。腹部の内壁の弱い部分に腸が突き出たことからヘルニアが引き起こされました。腸のその部分は腐って壊疽《えそ》を生じる可能性があり、命に関わる問題であったのです。病院に行って手術を受けなければ、命を落としてしまう可能性がありました。

この手術のときも、前回と同じように新たな癌を発見し、できるだけ取り除こうとしました。レイの背中の筋肉にも癌が広がっているのが見つかりました。

一方、化学療法はどのような結果を生んでいたのでしょうか。それは問題を防ぐために役だっていましたが、すでに癌に冒されていた細胞は腫瘍を作り続けていたのです。

一九九四年二月、二〇カ月のうち、四度目の手術にレイは直面しなければなりませんでした。

「医師が驚いたことに、私の右側の尿管がふさがってしまいました。尿を右側の腎臓から膀胱に運ぶ管が通らなくなったのです。あまりに深刻な状況だったので、もし問題が解決しなければ腎臓を取り除いてもよいという声明文にサインをしなければなりませんでした」

手術は成功しましたが、尿管をふさいでいたものは癌細胞の束であったことがわかりました。それに加えて、背中の筋肉に癌が侵入しつづけていることも明らかになりました。

手術の中で、医師たちはまた鎖骨の下の大静脈に直接ポータキャスという導尿管装置を取り付けました。これはレイに化学療法を施すことが容易になるためでした。

「化学療法が一年半続いた結果、静脈がよく反応しなくなりました。体内に化学療法を続けるために、別の方法が必要になったのです」とレイは説明しています。

医師は彼にこう言いました。

「これからはもっと積極的にこの治療をやっていかなければならないと思います」

レイの主治医はすばらしいクリスチャンであり、レイの信仰を励ましましたが、同時に現実を直視する人でした。

最初は一週間に一度、三〇分の治療をしました。その後、一週間に二時間になりました。さらには、八時間になり、同時に二四時間少しずつ化学療法を施すためのポンプを腰に付けることになりました。

「私はどこに行ってもそれを身に着けていました。ベッドでも、シャワー室でもです。週に一度入れ替えの時以外、いつも身につけていました」

その月、レイは病気のために仕事をやめなければなりませんでした。それまでは、定期的に一カ月の休みを取ってはまたレストランに戻っていたのです。しかし、そのこともできなくなりました。

イースターの日

スコット夫妻は教会のメンバーたちから多くの愛と励ましを受けていました。レイは特に、妻や娘たちと共に過ごすイースターの日を心待ちにしていました。

「受難日の翌日、背中と首に激痛が走って動けなくなったとき、私がどれほど悲惨な状況だったかは説明することもできません。イースターの朝、医師は私をすぐ入院させました。彼らは私の脊髄が圧縮されているのではないかと心配したのです。感謝なことに、そうではありませんでした。検査の結果、尿にたくさんのたんぱく質が含まれていることがわかりました。そのために、腎臓の生体組織検査が行われました。病院にいる間、首の左側、左肩、腕、手首が通常の三倍くらいに腫れ上がっていました」

原因はレイの鎖骨の下の静脈にできた大きな血の固まりでした。

レイの両親はニュージャージーからベイカーズフィールドまで、飛行機で彼を訪ねて来ました。母親は看護婦であったので、レイを一目見て「これは長くはないわ」と思いました。そのような状況の患者を多く見て来たからです。

レイはカトリック教会で育ち、教会活動に熱心でした。海軍にいるとき、仲間の一人が生まれ変わったクリスチャンであり、レイの信仰にチャンレンジを与えました。彼との話し合いの中で、ある晩レイは宿舎にひざまずき、

「イエスさま。私の心に入って来てください。そして、私の人生の主となってください」

と祈ったのです。

主はその祈りに応えてくださり、それ以来レイの信仰は成長し続けました。

選択

一九九四年八月、レイは再び命に関わる状況に直面しなければなりませんでした。彼は二度目の血の固まりのために入院したのです。レイの首の大静脈に固まりが発見されました。それが壊れて飛び散ると、脳に入って脳出血を引き起こす可能性があり、心臓が肺に入っていく可能性もありました。もし肺に入って血液循環ができなくなると、致命的なことになるところでした。

レイはこのように言っています。

「私はすでに四度の手術や、放射線治療、化学療法などを経験してまだ生きていたので、今度も何とか生き延びるだろうと思っていました」

その通り、彼は生き延びたのです。

けれども、危機的な状況は続きました。一九九四年レイの主治医は、さらに放射線のトレイサーを注入するっことによって、癌の状況を調べる検査をすることを提案しました。トレイサーは、癌細胞特有の分子をさがし出します。そしてトレイサーが感染した細胞に付着すると、その部分が光って映像に映し出されます。レイに行われた検査の結果は、病気の再発と癌の存在を示すものでした。それは医師の予想通り、癌が依然として残っていることを確認するものでした。

医師はレイにこう言いました。

「あなたが快方に向かうだろうとか、回復するだろうとか言うことはできません。ただできるのは、残された人生をいかに生きるかについて話し合うことくらいです。今、あなたの前に二つの選択があります。一つは、さらに集中的な化学療法を続けていくこと。これはあなたの身体にとっては必要なことです。しかし、もう一つは、他の方法を試みて、自分の仕事に戻られるということです。本当はこちらの道を選びたいと願っていらっしゃることはわかっています」

それから彼はこう付け加えました。

「どちらにしても、良くなる見込みはありませんが」

決定を下す前に、レイが考えなければならないことがありました。その年の初めから、レイは十一月最初の週に妻を船旅に連れて行く計画を立てていたのです。それはどちらかというと非現実的な目標に見えましたが、レイは結婚一〇周年記念日のためにそのことを約束していたのです。

病院から退院してわずか二日後に（この時は腹痛のため入院していました）、彼は信仰をもって船旅に出かけました。

「私たちは船で太平洋岸をメキシコの方へ下って行きました。まるで私のために時間が一時停止してくれたかのようでした。その一週間、私は痛みもなく過ごしたのです」

スコット夫妻が家に帰ったとき、彼らはサクラメントに来るように招待されました。そこのアルコ・アリーナという会場で、私たちのチームがクルセードを開いていたのです。

7178-sdm　　　　　　　　　　　　　　　　　　　　Page

UNIT NO. [redacted]

[redacted]

NAME SCOTT, Raymon

ROOM NO.

OPERATIVE REPORT

PHYSICIAN [redacted]
ASSIST:
ANES:

DATE OF OPERATION: 06/07/92

PREOPERATIVE DIAGNOSIS: Acute appendicitis.

POSTOPERATIVE DIAGNOSIS: Acute perforated appendicitis wit obstruction of the ileocecal valve

OPERATION:
1. Exploratory laparotomy.
2. Partial right hemicolectomy.

Anesthesia: Spinal.

DESCRIPTION OF OPERATION: The patient's abdomen was scrubbe with Betadine for 10 minutes.

With the patient in the supine position under spinal anesthesia a transverse incision was made in the right lower quadrant o the abdomen. Subcutaneous bleeders were clamped an electrocoagulated. The external oblique fascia was opened in a transverse fashion. The internal oblique muscles were spli bluntly in the direction of their fibers. The peritoneum wa tented up and opened with sharp dissection. A large mass wa present involving almost the entire right lower quadrant of th abdomen. With a great deal of difficulty, the mass was worke up into the wound. The mass involved the terminal ileum an cecum and was freed from the right retroperitoneum and gutte with blunt and sharp dissection.

Inspection of the mass revealed a probable perforated appendix. The appendix itself could actually not be found. Only fragments on the back of the cecum could be seen. A large hole was present which was assumed to be the tract of the appendix leading into the cecum. There was a massive inflammatory response throughout the cecum and terminal ileum. The ileocecal valve could not be identified. It was felt that there was possible obstruction secondary to the inflammatory mass. The terminal ileum was transected with the GIA stapling device as was the cecum just above the area of the inflammatory mass. The mesentery, including all the inflammatory tissue was serially

(CONTINUED)

一九九二年六月七日、外科手術後に記された診断結果。レイの虫垂に大きな腫瘍が発見され、癌である旨を伝えている。

手を伸ばして

「私たちがサクラメントに向かう日、すべての症状が戻って来たようでした。痛みがひどくなり、短腸症候群（腸がゆるくなる原因となる症状）になってしまったのです。身体が非常に弱くなっているのを感じました」

とレイは語っています。

クルセードに行く途中、レイはいつも一番近い病院はどこかと見回していました。何かあったときには、いつでも遠回りするつもりだったのです。

良い席を確保するため、レイとディアンヌ・スコットは一九九四年十一月一六日の午後、会場に着きました。痛みが続く中で、レイは一人の案内係を見つけて個人的に祈ってもらいました。

集会が始める前に、スコット夫妻は生後五週間の赤ちゃんを連れて来た一八歳の女性と友達になりました。その赤ちゃんはダウン症であり、その上小さな心臓に二つの穴が開いていたのです。

クルセードの前まで、レイが考えていたことは、

「主よ。これからの集中的な化学療法に耐えることができる力をください。そして、あなたの御心を行うことができるように助けてください」

というものでした。

自分がいやされることについては考えていなかったのです。

集会が始まり、音楽が大きな会場を満たしていました。レイはダウン症の子供がいやされるようにという強い願いを抱いて祈っていました。その願いがあまりに強く心に迫ったので、彼は赤ちゃんの手を取って「主よ。この子の命を生かしてください。命を取るなら、むしろ私の命を取ってください」と祈ったほどでした。

その夜、力強い油注ぎが集会にあふれていました。レイは自分に起こったことをこのように話しています。

「私が子供のために祈ったとき、聖霊が私の身体を通り抜けられるように感じました。電流のようなものが私の傷跡を貫くように感じ、また自分がその子のための導管になったように感じました」

レイが赤ちゃんの手を離したとき、集会前にレイのために祈ってくれた案内係が彼の所に来てこう言いました。

「私を覚えていますか。ここに入って来たときと何か違うように感じませんか？」

レイは案内係が一万八千人の会衆の中から自分を見つけ出したことに驚きながら、こう答えました。

「ええ。痛みがなくなりました」

すべてが瞬間的に正常に戻ったかのようでした。手を伸ばして、今まで二つのヘルニアが突き出ているのを感じた腹部をさわってみました。それらは消え去っていたのです！

案内係は、レイを会場にいた医師のところに連れて行き、すぐ後に講壇に上りました。レイはこう言っています。

「気づいていませんでしたが、妻と義母が私のすぐ後ろに来ていました。彼らも主が私に触れてくださったことを知っていたのです。彼らもそれを感じることができたのです」

レイがステージの上で私の前に立ったとき、私はこのように言いました。

「神の力があなたを覆っています。奇跡が起ころうとしています！」

私は片手をレイの背中に、もう一方の手をお腹に置いて、文字通り押しました。レイはこう言っています。

「柔らかかった私のお腹は、まるで主がばんそうこうか何かを傷跡に張り付けてくださったかのように固くなっていました。私にはすぐにそのことがわかりました」

医師の結論

翌朝、レイはアルコ・アリーナのロビーにあった公衆電話から自分の主治医に電話をかけました。

「医師と直接話すことができなかったので、留守番電話に『私はいやされました！』という声を入れておきました。看護婦たちはそのメッセージをどう理解すべきかわかりませんでしたが、医師はわかっていました。彼は私を診察するのが待ちきれなかったのです」

[redacted]

CASE SUMMARY

Re: Raymond Scott

Mr. Scott is a 33 year-old man that I initially met in June of 1993. Thi was slightly more than one year following his diagnosis of the colon. Thi diagnosis had been established in the previous year in June at which time Mr Scott had presented to the emergency department with acute abdominal pair and was thought to have acute appendicitis. At the time of operation, Mr Scott was found to have a large adenocarcinoma at the ileocecal valve as wel as a ruptured appendix with extensive peritonitis. A partial righ hemicolectomy was performed. A large primary tumor measuring 6.5 cm. i greatest dimension was removed as well as one lymph node. Postoperatively Mr. Scott was given chemotherapy with 5-FU and Levamisole as well a localized radiation.

Follow-up colonoscopy in December of 1992 was unremarkable, and furthe restaging studies did not show evidence of cancer. However, Mr. Scot developed abdominal symptomatology in February of 1993 prompting a repea evaluation. At that time, colonoscopy revealed a marked narrowing of th primary anastomosis and an exploratory procedure revealed a locally recurren tumor near the anastomosis. Tumor was also involving lymph nodes at tha time, and a much larger resection was carried out. Further analysis at tha time revealed involvement not only of the colon but also of the small bowe and local soft tissues in the anterior peritoneal wall. No evidence of extr abdominal metastasis were identified.

The patient was continued on chemotherapy but had further abdomina difficulties requiring another exploratory laparotomy performed in October o 1993. At that time, he demonstrated a significant decrease in disease bu some residual. A further change in chemotherapy was accomplished at tha time, but with significant diminishment in his quality of life. After continuing on chemotherapy until February, the patient had evidence of further recurrence after developing a right ureteral obstruction with hydronephrosis. He had a further recurrence at that time and this was resected. Postoperatively, his chemotherapy was changed to 5-FU and Cis-platinum.

Follow-up CT scans in May showed no evidence of disease and an oncoscint scan was requested at that time. This showed activity in the abdomen consistent with residual disease and an adjustment was made in his treatment. This was interrupted several times because of infection and portacath thrombosis. Restaging was accomplished in late October with a stable oncoscint scan at that time and no other evidence of disease.

Plans to modify therapy were made, but before this was instituted, Mr. Scott experienced a miraculous healing. Since that time, Mr. Scott has been doing extremely well and without clinical evidence of active disease. He has been able to return to work as well as to all normal activities following this amazing recovery.

[redacted]

　レイ・スコットの病状を要約した手紙。一九九三年六月に病状が発見されたものの、その後ＣＴスキャンの結果では、奇跡的にいやされたことを医者が確認した。

レイはベイカーズ・フィールドに戻って来ると、医師にトレイサーを使った検査をもう一度する必要があると言いました。彼は自分のいやされたことを書類にすることによって、さらに化学療法を続けることを避けたいと思ったのです。その検査は非常に高価であり、一カ月前にしたばかりなので、保険会社にその支払いを納得させるためには、かなりの説得が必要でしたが、とにかく医師たちは再検査に賛成しました。けれども、一つの問題がありました。前回の検査の結果、レイの身体がある抗体を生み出し、再検査ができないようにしていたのです。医師たちがそのことを話したとき、レイは信仰に立って化学療法を止める決心をしました。

レイは別の血液検査を受けて状態を調べられましたが、彼は「痛みは完全になくなりました！」と言って喜んでいました。

私は一九九五年二月二八日付けの医師による報告を読み、レイと共に喜びました。そこにはこう書いてあります。

「現時点において、レイの体内に癌の再発は見られない。彼は今、彼の信仰と宗教の証人として立つ権威を有しているのである」

いやされた一カ月後、レイは何をしていたのでしょうか。彼は自分の教会に七〇の重い木の座席を運び入れる奉仕をしていたのです。

「すぐに身体の力が戻って来ました」と彼は言っています。

主がレイモンド・スコットを奇跡的にいやされてから一年以上が経っていますが、レイは信仰に立って癌が再発しないことを日々証ししています。主が彼に触れられてから、一度も化学療法を受けていません。癌のレベルを示す血液の検査結果は、正常になりました。

レイの医師はこう書いています。

「スコット氏は奇跡的ないやしを体験した。それ以来、スコット氏は極めて健康であり、病気と認められる証拠はどこにもない。この驚くべき回復の後、彼は仕事を含めてあらゆる通常の活動に戻ることができた」

レイは今、いくつかの大企業のためのレストランを経営しています。しかし、主が私のためにどのようなことをして仕えてくださったかは、何にも比べることができません。そして、私はそのことのゆえに、いつも主を賛美し続けるのです！」

偉大なる医師に学ぶ

イエスは彼らに言われた。「さあ、近くの別の村里へ行こう。そこにも福音を知らせよう。わたしは、そのために出て来たのだから。」

こうしてイエスは、ガリラヤ全地にわたり、その会堂に行って、福音を告げ知らせ、悪霊を追い出された。

さて、ひとりのらい病人が、イエスのみもとにお願いに来て、ひざまずいて言った。「お心一つで、私はきよくしていただけます。」

イエスは深くあわれみ、手を伸ばして、彼にさわって言われた。「わたしの心だ。きよくなれ。」

すると、すぐに、そのらい病が消えて、その人はきよくなった。

そこでイエスは、彼をきびしく戒めて、すぐに彼を立ち去らせた。

そのとき彼にこう言われた。「気をつけて、だれにも何も言わないようにしなさい。ただ行って、自分を祭司に見せなさい。そして、人々へのあかしのために、モーセが命じた物をもって、あなたのきよめの供え物をしなさい。」

ところが、彼は出て行って、この出来事をふれ回り、言い広め始めた。そのためイエスは表立って町の中にはいることができず、町はずれの寂しい所におられた。しかし、人々は、あらゆる所からイエスのもとにやって来た。

（マルコ一・三八〜四五）

第八章　ブレンダの深い谷

「どこがおかしいのかしら？」と三七歳のブレンダ・フォージーは思いました。

「なぜ私の感情がばらばらになったかのように感じるのでしょう？」

フロリダ州オーランドに住む彼女の心配は、ただ感情の問題だけではありませんでした。

「月経のサイクルが異常になり、身体に起こる奇妙な感覚にどう対応すればよいのかわかりませんでした」

彼女が自分に起こっていることを夫のデニスに話すと、彼はすぐ病院に行って検査してもらうことを勧めました。

一九八八年八月九日、検査の結果、ホルモンのバランスがひどく崩れていることがわかりました。彼女の黄体刺激ホルモンが非常に高い数値を示したのです。この時点で医師はＣＴスキャンを用いて検査をしました。その結果、問題の原因が明らかになったのです。

「脳下垂体に腫瘍ができています」

と医師は報告しました。

「しばらく前からもあったもののように見えます」

脳下垂体とは脳の底の部分、視覚神経のすぐ下にぶらさがっているエンドウ豆くらいの腺のことです。脳下垂体は内分泌腺の活動を規定しています。これらの腺が、生命に必要なホルモンを血流に流し出すのです。癌と関係のない良性の腫瘍でさえ、脳下垂体にできるとホルモンの流れを妨げ、深刻な障害をもたらすということをブレンダは学びました。

すぐに医師はパーロデルという薬を処方し、腫瘍が大きくなるのを防ごうとしました。

「この薬を使っても大丈夫ではないかと思います。腫瘍が成長しないことを願います」

と医師は言いました。

けれども、その薬は好ましくない副作用をもたらしました。

「あまりに良くない反応を示すので、私は薬を続けることができませんでした。腫れと鼻づまり、その上毎日吐き気を催すようになったのです」

彼女が医師に不平を言うと、彼はこう説明しました。

「腫瘍の成長を遅らせるには、この薬の他はないのです。摂取量を減らすようにしますが、あなたにはこれが必要なのです」

ブレンダはその薬と闘い続けました。ついに副作用に耐えられなくなってようやくやめたのです。その間、彼女の情緒不安定は続き、それに加えて新たな問題も出てきました。

「胸から乳が出始め、同時に頭痛がして神経衰弱になりかかっていました。仕事も家庭も影響を受けました。私が苦しむのと同時に、家族のみなが苦しんだのです」

と彼女は語っています。

危険な見通し

一九九一年、ＭＲＩ検査の結果はかんばしくありませんでした。医師は手術をしなければならないかもしれないことを告げました。腫瘍が大きくなると、視神経を圧迫して目が見えなくなる可能性もあると警告されたのです。

ブレンダは神経外科医と会い、受けることになるかもしれない手術について詳しいことを聞きました。

「それは鼻腔を通してなされる非常に微妙な手術であり、脳下垂体に届くためには、頭蓋骨の後部に穴を開けなければならないかもしれないということでした。また起こりえる問題について、彼はいろいろと警告しました。その一つは、手術がうまくいかなければ失明するだろうということでした」

とブレンダは言っています。

また、ホルモン置換療法をする必要が出てくる可能性もありました。

突然の痛み

腫瘍の余病から、ブレンダのエストロゲンは低い数値を示していました。医師は一九九二年六月五日、エストラダームという膏薬を処方し、彼女は教えられたとおりにそれを張り付けました。六月一七日、ブレンダは突然ひどい頭痛を感じ始めました。そのような頭痛は今まで経験したことがないほどでした。

「あまりにひどい痛みのために、数日間ベッドから離れることができませんでした」

痛みをやわらげるために、医師は地方の診療所で痛み止めの注射を受けるように手配しました。その診療所の医師は、膏薬が原因ではないかと疑ったので、彼女はそれを外しました。しかし、痛みは止まりませんでした。

六月二一日、日曜日の午後、ブレンダの苦痛は耐えがたいほどになりました。注射はすでに受けていましたが、後頭部の痛みがひどく、診療所に戻る必要を感じました。それはまるでナイフで刺されるような痛みでした。

ブレンダは一六歳の息子エリックに、診療所まで連れて行ってくれるようにと頼みました。到着

[redacted] 07/18/92 08:03 PAGE:

FORGY, BRENDA　　STAT:N
00172 43 02　　SEX:F AGE:
DOCTOR: [redacted]
DATE/TIME COLLECTED:07/16/92 11:20　　BY: [redacted]
DATE/TIME REPORTED: 07/17/92 13:00

PATIENT RESULT

TEST	LOW	NORMAL	HIGH	UNITS	EXPECTED RANGE
FROLACN		4.8		NG/ML	0.1 - 20.0

一九九二年七月一八日に行われたホルモンテストの結果。ブレンダが神に触れられいやしを体験した後の一カ月後に行われた。プロラクチン（脳下垂体前葉の性ホルモン）の指数が平常値に戻ったことを示す。

[redacted]

MR NR 94-0691　　EXAM DATE: 02-04-94
FORGY, BRENDA　　DOB: 11-23-47
[redacted], M. D.　　RM: OUT-PATIENT

MRI OF THE BRAIN and SELLA:

Plain sagittal and coronal scans were made first. These studie show no abnormality around the sella or through the center of th cerebrum generally. Contrast material was then given I.V. afte which 3D acquired 3 mm. scans were made centered on the sella Studies show no mass or abnormal tissue enhancement. The pituitar stalk tilts slightly toward the right but there is no mass on th left. Findings are identical to 11-30-92.

CONCLUSION: NO EVIDENCE FOR PITUITARY MASS.

ブレンダがいやされた後の約二年後、一九九四年二月四日に再検査された結果、脳下垂体の固まりは発見されないと診断された書状。

すると、たくさんの人々が待合室にいたので、長く待たなければならないことがわかりました。それでもあまりに痛いので、息子に「教会に連れて行ってちょうだい」と頼んだのです。

数年前から、ブレンダはオーランドにある私たちの教会、ワールド・アウトリーチ・センターに集うメンバーでした。

「毎週毎週、私はいやしを信じ、神の約束を主張しました」

ブレンダは深い、深い谷の底を通っていましたが、「**彼の打ち傷によって、私たちはいやされた**」（イザヤ五三・五）という御言葉にすがりついたのです。彼女はまた、聖書は薬のようなもので、一日に三回読む必要があるというアドバイスをある本の中で読みました。そのことも彼女は実行したのです。

ブレンダが教会に到着したのは、午後四時半頃でした。集会は六時まで始まりませんでしたが、会場はすでにいっぱいでした。

「私は普段前の方には座りませんが、この日はできるだけ講壇の近くに座らなければならないような気がしました。前から数列前に座っていた女性が、私の病気のことを知っていたので立ち上がってやって来ました。そして『席を開けてあげるわ』と言ったのです」

ブレンダは自分があまりにひどく病んでいることを謝り、途中で席を立たなければならないかもしれないことを理解してくれるようにと頼みました。

それはブレンダにとって大きな信仰の励ましとなりました。その時点で、彼女は自分のいやしに手を伸ばし始めたのです。

「そこにはすばらしい油注ぎがあり、自分の問題を越えて高く引き上げられるような気持ちがしました。私は真実に信じ始めました。確かにいやされることを信じたのです」

ブレンダは自分の身体に非常な熱を感じました。それは突然来て去っていくのではなく、集会中ずっと温かさが残っていました。

その次の忘れられない瞬間、主は特別にご自身を現してくださいました。

「ベニー牧師。あなたは『今、神にいやしを求めて声を上げてください！』と言われました。その時、主が私に触れて働いてくださっているのを感じたのです」

ブレンダは講壇に出て行ったわけではありません。誰も手をおいて祈ったわけではありません。彼女は主に手を差し伸ばし、叫び声を上げたのです。後頭部の刺すような痛みが瞬間的に消え去りました。ただ、頭の他の部分にはまだ痛みが残っていました。

「それはちょうど、自分で頭をぶつけて、まだ少し痛みが残っているような感じでした。しかし、耐えられないほどの痛みはなくなりました」

集会の後に、ブレンダの隣に座っていた女性が向き直って「具合はどうですか？」と聞きました。

「後頭部の痛みはなくなりました」

ブレンダの夫は集会に出ていなかったので、車で迎えに来てくれるようにと電話で頼みました。

彼女は車に飛び乗ると、こう言いました。
「デニス。家に帰る途中、どこかで止まって食べ物を買いましょうよ」

医師の診察

翌日、ブレンダは医師に診てもらうために出かけて行きました。医師は、その月の初めに行ったMRI検査の結果に目を通しました。それによると、腺腫は少し大きくなっていたのです。そのとき、医師は手術について彼女と話し合ったのでした。

ブレンダの主治医は脳下垂体の手術を勧めていたので、彼女はすでに、二、三日後に他の神経外科医の診察を受ける予定になっていました。彼女は別な意見が欲しかったので、その診察もキャンセルしませんでした。

神経外科医は、ブレンダの経過とMRI検査の結果を見て、手術の危険性について話しました。ブレンダは、後頭部のひどい痛みのことと、いやしの集会に行ってそれがなくなったことについて話しました。

そこで彼は、ブレンダと夫に二つの選択があると話しました。このまま手術を受けるか、月経閉止と共に、あるいは九日前に起こったことの結果として腫瘍が小さくなるのを待つか、その二つでした。

[redacted]

[redacted]

[redacted]

MR NR 92-2493	EXAM DATE: 11-30-92
FORGY, BRENDA	DOB: 11-23-47
[redacted], M. D.	RM: OUT-PATIENT

MRI OF THE SELLA:

Contrast was given I.V. and then 3D acquired 3 mm. scans were made across the sella in sagittal and coronal planes. Scans show normal sellar contents - no sellar mass is present. Suprasellar cisterns are normal.

Scans from 06-12-92 show a large mass in the sella with deviation of the pituitary stalk sharply to the right. Enhancing tissue along the right side of the sella on the earlier study is probably the normal gland. The only sign of this mass seen now is slight residual tilt of the pituitary stalk toward the right side.

CONCLUSION: **MASS SEEN IN THE SELLA ON STUDY OF 06-12-92 IS GONE.**

[redacted]

一九九二年十一月三〇日に行われたテストの結果、以前あった脳下垂体の固まりはもはやないとする書状。

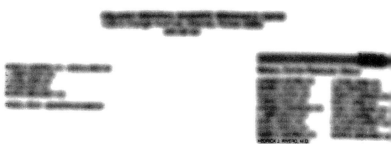

ブレンダは元の医師の所に戻り、自分のいやしについて話しました。「ここ数年、こんなに良くなったように感じたことはありませんでした。

一九九二年七月一六日、黄体ホルモンのレベルをもう一度検査されました。ブレンダはその結果に驚きませんでした。

「正常よりも良い状態です」

一九九二年十一月三〇日、ＭＲＩの再検査が行われました。この時点で、ブレンダの生活は全く通常に戻り、商品化計画の仕事をフルタイムでするようになっていました。

「フロリダ州ガイネスビルにいるとき、公衆電話から主治医に電話しました。ＭＲＩ検査の結果を知りたかったからです」

医師は元気を取り戻した彼女にこう言いました。

「この結果を信じられないかもしれませんが、もはやそこには何もありません。腫瘍はどこにもありません。脳下垂体にどんな固まりもないのです」

一九九四年二月四日、再びＭＲＩ検査をしましたが、十一月の時と同じ結果でした。カルテには「脳下垂体に固まりは見られない」と記録されています。

ブレンダの深い谷は、もはや薄れていく過去の記憶となりました。彼女は笑ってこう話しています。

「主は山頂からの光景を見せてくださいました。そして私は決して主を賛美することをやめません」

偉大なる医者に学ぶ

それから、イエスはもう一度彼の両眼に両手を当てられた。そして、彼が見つめていると、すっかり直り、すべてのものがはっきり見えるようになった。

そこでイエスは、彼を家に帰し、「村にはいって行かないように。」と言われた。

それから、イエスは弟子たちとピリポ・カイザリヤの村々へ出かけられた。その途中、イエスは弟子たちに尋ねて言われた。「人々はわたしをだれだと言っていますか。」

彼らは答えて言った。「バプテスマのヨハネだと言っています。エリヤだと言う人も、また預言者のひとりだと言う人もいます。」

するとイエスは、彼らに尋ねられた。「では、あなたがたは、わたしをだれだと言いますか。」ペテロが答えてイエスに言った。「あなたは、キリストです。」

するとイエスは、自分のことをだれにも言わないようにと、彼らを戒められた。

それから、人の子は必ず多くの苦しみを受け、長老、祭司長、律法学者たちに捨てられ、殺され、三日の後によみがえらなければならないと、弟子たちに教え始められた。しかも、はっきりとこの事がらを話された。するとペテロは、イエスをわきにお連れして、いさめ始めた。しかし、イエスは振り向いて、弟子たちを見ながら、ペテロをしかって言われた。「下がれ。サタン。あなたは神のことを思わないで、人のことを思っている。」

それから、イエスは群衆を弟子たちといっしょに呼び寄せて、彼らに言われた。「だれでもわたしについて来たいと思うなら、自分を捨て、自分の十字架を負い、そしてわたしについて来なさい。」

（マルコ八・二五〜三四）

第九章　賛美と新たな一歩

一九五〇年、夏の暑い日でした。バーモント州北部のトウモロコシ畑で、七歳のパトリシアはトラクターと肥料散布機の横を走りながら歌を歌っていました。

「突然私は、トラクターの横についていた付属の機械に巻き込まれてしまいました。それは私を斜めにひっかけ、農夫は私がもはや横を走っていないことに気づくまで進み続けたのです」と彼女は言っています。

ついに農夫は、畑に倒れているパトリシアを見つけ、急いで駆けつけました。少女の骨盤と片方の肺はつぶれ、左耳もひどくけがをしました。にもかかわらず、彼女は歌を歌い続けていたのです。

カナダとの国境から約三〇マイル、ミルトンの近くの田舎であるこの辺りには医者がいませんでした。そこで彼らは獣医を呼び、彼は急いで畑にやって来ました。

彼らは下半身付随になったパトリシアの体をトタンの桶に入れ、いちばん近くの病院に車で連れていく前に、まず家まで運びました。

「病院に着くと、私はすぐ牽引車に乗せられ、長いリハビリの過程が始まったのです」と彼女は語っています。

医師は、パトリシアが一生歩くことも子供を産むこともできなくなるのではないかと思いましたが、ついに脚に感覚が戻って来ました。けれども、最初の一歩を踏み出したとき、彼女は体の左側を引きずっていました。彼女が直る見込みのない障害を負ってしまったことは明らかでした。学校でのスポーツなどに加わることはできなかったのです。

それからの数年間、パトリシアはよく転んでは、新たな余病を加え、病院に横たわることになりました。

聖アルバンズの学校で、彼女は「片足をひきずる少女」としてよく知られていたのです。

出口を探して

パトリシアは一六歳で結婚し、数年のうちに五人の息子たちを産みました。そのうちの三人は、生まれつきの障害をもっていました。一人の息子は脚が奇形であり、足の先が切れて生まれてきたのです。

非常に不安定な結婚生活を送っていましたが、数年が過ぎて、ついに崩壊してしまいました。三二歳のとき、もはや人生に絶望し、生きるのをやめてしまいたいと思っていたのです。

長男はてんかんと診断され、催眠薬を処方されました。しかし、アレルギー反応を起こし、彼はその薬を服用することができませんでした。パトリシアはこう言っています。

「私はその薬をたくさんためていました。いつかそれで自分の人生に終止符を打とうと思っていたのです」

バーモント州バーリントンのアパートで、どんな母親よりも多くの問題を抱えていたパトリシアは、一枚の紙にこう書きました。

「私が今経験している状態よりは、地獄の方がましだと思う。これがうまくいかなければ、次には銃を見つけて間違いなく死ぬつもりだ」

そうして彼女は、人を殺すのに十分な量の睡眠薬を飲んだのです。

意識不明で横たわっている母親を最初に見つけたのは、いちばん下の息子でした。救急車が彼女を急いで病院に運び込みました。多量の薬は彼女を悲惨な状況にしてしまいました。すべての組織が閉じていました。病院は彼女の命を救うためにあらゆる努力をしました。

「ついに意識を取り戻したとき、私の感情は寒々として、まだ生きていたことを怒っていました」

と彼女は告白しています。

パトリシアは再び歩くことや、腕を使うことなどを訓練しなければなりませんでした。

「私は自分で食べることもできず、車椅子を使うこともできませんでした。頭の先からつま先まで、内にも外にも水ぶくれができていました。薬のためにのどはだめになって、ほとんど話すこともできなかったのです」

新しい始まり

その病院の中で、年輩の患者が彼女のベッドに来て、今まで手にしたことのない種類の本をくれました。それはオーラル・ロバーツによる『種蒔きの信仰』という本でした。

「その方は本をくれた後にすぐ亡くなられました。しかし、その最期の親切は、私にとって命の贈り物となったのです」

彼女がクリスチャンの本を読んだのは、そのときが初めてでした。

パトリシアはカトリックの家で育ち、両親は道徳的な価値観を教えてくれましたが、教会にはほとんど行きませんでした。しかし、今や絶望の谷底で、彼女は神の言葉に答えを求め始めたのです。

「聖書は直接私の心に語りかけました。そして私は罪に汚れた私の心を聖めてくださるように、キリストに求めました。自殺しようとしたことを聖めてくださるように、キリストに求めました。自殺しようとしたことを赦してくださるように何度も祈りました。それが罪であったということがわかったのです。

二年後の一九七五年、主はパトリシアの人生にアレン・ハリングトンを送られました。高校時代

[redacted]

[redacted]

☐ Skilled Nursing Facility
☒ Outpatient Dept.

HARRINGTON, PATRICIA
000-876-979-6
04-14-41

PROBLEM LIST SIGNIFICANT FOR PHYSICAL THERAPY REFERRAL: ONSET

\# 1 Peroneal Nerve Palsy L side a) Unable to take shower independently 02/02/90
2 L knee instability b) Unable to shop for 1/2 hr before resting 02/02/9
\# 3 R shoulder pain and UE pain 03/18/9
a) Decreased ROM R shoulder
b) R shoulder pain prevents cooking 1 meal without having to rest
c) Unable to sleep through the night secondary to R shoulder pain (5 years appr

PROGRESS: S: "While I was at my son's they helped me to lower down into the hot tub. I think I stayed in for too long because when I got out I felt light headed and I had to re for quite some time. It was difficult for me to get back upstairs because my foot was swollen and I had to wait for the swelling to go out of my foot before I could put my bra on." O: Patient has been seen in physical therapy approx. 38 times including today since beginning her therapy on 02/08/94. PAIN: Patient has noted increased pain in R shoulder/ neck area since her visit to the Carolina's which has been approx. 1 month since her last treatment session. Patient has noted increased low back pain which to date has not been
ASSESSMENT: addressed but at next treatment session will initiate low back eval.
MOBILITY: Patient's mobility has not improved since last PT treatment session approx. 1 month ago to date. Patient did ambulate on uneven surfaces, and sand ~~well~~ only on vacation but the consistency was decreased compared to PT treatment sessions.
PROGRAM: Remains the same from last recertification of ambulation on various surfaces,
GOAL (SHORT TERM): bike riding. Home program consisting of UE exercises.
ASSESSMENT: Patient's progress has been limited throughout the last month secondary to no PT intervention treatment. Feel that patient is continuing to benefit from PT treatment
GOAL (LONG TERM): sessions, as this is seen with no progress made throughout the last month as patient was away on vacation. Feel that it is time to address patients low back pain as she has a good home program that's working on ambulating. Feel that by addressing low back pain and re-assessing neck pain will be able to hopefully decrease patients pain and increase functional ability. Discussed this plan with patient who feels that this is an
PLAN: appropriate time to work on these areas and start with this plan as well.
SHORT TERM GOALS REMAIN THE SAME FROM LAST RECERTIFICATION
P: 1) Continue functional activity program as much as possible increasing this at home.
MEDICARE/CAID ☐ Will initiate low back eval and re-assess shoulder pain starting at next
PHYSICIAN'S ADDITION AND COMMENTS: treatment session. Will continue to monitor goals and change as needed.

DATE OF FIRST TREATMENT 02/08/94

FREQUENCY: ☐ b.i.d. ☐ daily ☒ 2 x per week for 4 weeks

IF OUTPATIENT, PHYSICIAN WILL RE-EVALUATE ON

RECERT. DATE
09/27/94

THERAPIST SIGNATURE [redacted] R.P.T.

DATE SEEN BY PHYSICIAN:
06/24/94

RECERTIFICATION SIGNATURE [redacted] M.D.

RECORD OF TREATMENTS

MONTH/YEAR	TREATMENTS	1	2	3	4	5	6	7	8	9	10	11	12	13	14	15	16	17	18	19	20	21	22	23	24	25	26	27	28	29	30	31
9/94																																
10/94																																

FORM 779-009 (5/78)

一九九四年九月二七日、パトリシアのセラピストが記した報告書。それによるとパトリシアは、左膝が固定できない、右肩の痛みがあることが記されている。セラピストはパトリシアの状態が臨床療法では回復することができない旨を記した。

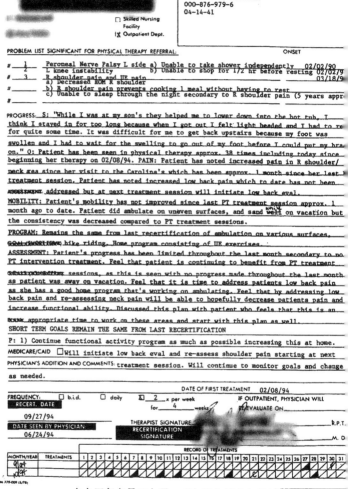

からの知り合いでしたが、まもなく結婚することになりました。彼は献身的なクリスチャンとなり、大きなコンピューター会社で働きました。彼らは共にキリストを中心とした家庭を築いたのです。

体の問題はまだ数年続きましたが、新しい信仰とアレンの支えは力強い励ましとなりました。パトリシアの個人生活は建て直され、今は生きていく希望があったのです。

悪化する症状

一九八九年一〇月、パトリシアは転んで右肩を脱臼してしまいました。痛みが繰り返し続き、彼女は外科治療を続けなければなりませんでした。また一九九〇年二月二日にも、昼食に出かける途中、凍り付いた地面の上に倒れ、ひざの関節が伸びきってしまいました。その結果、ひかがみを切ってしまったのです。

二週間後、町に出られるほど回復したと思った彼女は、除雪されたばかりの道を、注意深く歩いて彼女を助けに来た友だちの車の所に行こうとしました。

「車に近づいたとき、左足がすべってねじれるようになりながら、凍り付いた地面の上に倒れました。私は車の下をすべって左のすねを強く打ってしまいました。むこうずねがへこむのを感じることができるほどでした」

パトリシアは救急車で病院に運び込まれ、検査を受け、鎮痛剤をもらって帰りました。

数日後、整形外科の看護婦であった友人がハリングトンの家を訪問して来ました。「家に入って来るなり、彼女はこう尋ねました。『パット。その足はどこが悪いの？』私の足はひどく腫れ上がっていたので、友だちは私が再び病院に戻るように手配してくれました」

そのとき初めて、医師は彼女の左足の膝から下を司る腓骨《ひこつ》の神経が傷ついているのを発見しました。そのために、彼女の足は明らかに垂れ下がっていたのです。

腓骨の神経を治療するために、医師は彼女の左足に短いギブスをはめました。その後、家に帰されましたが、数日のうちに表現できないような奇妙な感覚が起こりました。

「それはまるで、何か電気を通されるような感じでした。私の神経は音を立て、突然全身が震え始めたのです。私の足から何度も何度も電流が頭に上っていくようでした」

一九九〇年八月一日、パトリシアの医師は左足の腓骨神経とその周辺繊維組織を検査しました。検査の結果は腓骨神経がもはや筋肉に指令を送っていないということでした。これによって、完全に左足の腓骨神経が麻痺しているという診断が確認されたのです。

パトリシアの健康状態は悪循環を繰り返していました。生活の基本的なこともできないことが多々ありました。買い物に行くと、三〇分も経たないうちに疲れきってしまいます。食事を用意するのも休みを余分に取る必要がありました。また、一人でシャワーを浴びることもできませんでした。アレンや他の人たちの苦労は大変なものでした。姉のキャロルがよく彼女の世話をしてくれました。

「体中の筋肉が痙攣《けいれん》していました。膝から下がゴムバンドのように伸びてしまい、身体を支えることができなくなったのです」

その間ずっと右肩も痛み続けていました。左足と膝を支えるために、重い皮で作られた幅三〇センチくらいの支えを身に付けていました。膝蓋骨を支える副木も付けました。ふくらはぎの横には金属の棒が付けられ、痛みを和らげるためにクッション付きの特別な靴を履きました。

「いつもバランスを取ろうと無理をしていたので、私の体はゆがんでいました。自分で立ち上がることができなかったので、油圧作動式の椅子が立ち上がるのを助けてくれました」

一九九四年九月二七日の報告では、三つの主な問題が記されています。腓骨神経麻痺と左膝故障、そして右肩の痛みです。この時、彼女はすでに三八回の外科治療を受けており、さらに続ける予定でした。

「明日の夜!」

一九九四年秋、私たちがマサチューセッツ州ウォーセスターでクルセードを開くことを知ったパトリシアは非常に喜びました。

「私はベニー・ヒン師のミニストリーについて何年も前から聞いていたので、集会へ行くことを決心したのです」

Harrington, Patricia　　4/14/41　　8769796

[redacted]

Date of Service: 10/26/94

Attending Physician: [redacted]
Referring Physician:

P: Bilateral knee pain, multiple musculoskeletal complaints.

S: This pt. comes in today stating that she is essentially pai free except for some residual problems with her right lowe extremity which had a peroneal palsy although this has improve and continues to improve She states that she has in fact been tc a faith healing session and with that has had a significant chang and improvement in her symptoms. According to the note of 5/11/94, it is apparent that she has had significant problems included anc enumerated in the note of 2/2/94. Essentially these related to her left knee instability which was symptomatic and complete peroneal palsy and multiple functional impairments. In the past she has hac a number of other problems, such as a right shoulder dislocation. She has been symptomatic, and although she has had some improvement with PT, she really has been quite functionally impaired. Today she is able to walk with a significantly more normal gait. She denies any pain or discomfort in any areas except for the more milc residual upper right peroneal palsy.

O: On exam she has essentially a normal gait today. She has good ROM of her hips, knees, and ankles. Has some dorsiflexor power of the right peroneal nerve function which on 3/9/94 she had no EHI or TA.

A: It is my opinion that her exam and discussion today representec significant change from the other times that I have seen her

[redacted]

cc of this note, 2/2/94 note, and 3/9/94 note to the pt.

一九九四年十月二六日、パトリシアがいやしを受けた四日後、医師が、彼女の以前の状態と現在の状態を比較した手紙。

夫は仕事のために付き添うことができず、代わりに彼女の回復のために祈っていた七六歳のリディアという友人が車で送ってくれました。この御言葉が絶えず心にありました。

「あなたがたのうちに良い働きを始められた方は、キリスト・イエスの日が来るまでにそれを完成させてくださることを私は堅く信じているのです。」（ピリピ一・六）

一九九四年一〇月二一日木曜日の晩、パトリシアはリンダに車椅子を押してもらって大きな会場に入って来ました。

けれども、私たちの二人のスタッフ、ケント・マトックスとデイブ・パームクイストが彼女の所に来て静かに祈ったとき彼女は励まされました。彼らは主に導かれて、「明日の夜があなたの夜ですよ！」と言ったのです。

ホテルの部屋に戻っても、痛みは続きました。翌日、集会の前に、背中についていた痛み止めのために電気の震動を送る二つの装置を、主が外すように言われているのを感じました。

「これらは必要なくなるでしょう」とその声は言いました。

パトリシアとリディアは集会の四時間前に到着しました。

「痛みの中でも、私は祈ることと信じることをやめませんでした」と彼女は言っています。

聖歌隊が歌を練習し始めたとき、一緒に彼女も歌い始めました。その時、急に足が曲に合わせて動き始めました。

「私の身体は伸びて真っ直ぐになりました。両手を天に向かって上げると、肩がいやされていることに気づきました」

主は彼女にペテロが一歩足を踏み出して水の上を歩き始めた場面を思い出させてくださいました。

「主は『一歩踏み出しなさい。そうすれば私はあなたに会います』と言われたのです」と彼女は言っています。

何とか自分の足で立ち上がろうとしました。その瞬間、膝蓋骨が動くのを感じ「副木を外すのを手伝ってくれない？」と友人に頼みました。

外すやいなや、「リンダ早く！　手を膝に置いてみて」と彼女は言いました。二人とも彼女の膝に変化が起こっているのを感じたのです。「それは驚くべきことでした」とパトリシアが言っています。

「パトの膝に手を置いたとき、主が文字通りその部分を取り換えておられるのを感じました。内側に回りながら、膝が新しく作られたように感じ、それから固くなりました。それはすばらしい瞬間でした。スタッフの一人が様子に気づき、やって来て「何が起こっているのですか？」と聞きました。

「私はいやされました！」とパトリシアは叫びました。

その時まだ痛みは残っていましたが、身体が健全になっていくのを感じていました。

「何歩か歩いてみて、ぐらついていましたが、だんだん強くなっていくのを感じました」

信仰の行動として、パトリシアは靴を持ってきましたが、今はどこかに見当たらなくなっていました。

「幸いリンダがスリッパを持って来ていたので、それを履いて歩き続けました」

集会中、チームの一人が彼女の所に行き、「ついて来てください」と言いました。彼らは会衆の間を歩いて講壇に上る階段の所に来ました。パトリシアは階段を見上げ「主よ。あなたに信頼します」と言いました。

最後の段を上りつめたとき、痛みは完全になくなり、彼女は言葉が出ませんでした。

「ただ、神を賛美することしかできませんでした」と彼女は言っています。

その時、神の力は特別に彼女を覆いました。

「それは単に瞬間的な祝福ではありませんでした。私は完全にいやされ、二度と副木を必要としなくなったのです」

彼女は診療の日を待ちきれませんでした。

「この奇跡を証明するために、必要と思われる検査は何でも受けます」と彼女は医師に言いました。

「パトリシア。それが奇跡だということは見れば分かりますよ！」と医師は言いました。

医師は膝を叩き、足を伸ばしてみた後、インターンの人たちを呼んでこの驚くべき変化を見せたのです。書類にはこう書かれています。

「今回の検査と話し合いの結果、前回診たときから大きな変化を遂げていることとことが明かである。

[redacted]

DISCONTINUE NOTE

[ ] Skilled Nursing Facility
[X] Outpatient Dept.

[redacted]

HARRI[redacted]ON, PATRICIA
[redacted]

PROBLEM LIST SIGNIFICANT FOR PHYSICAL THERAPY REFERRAL: ONSET

#	Problem	Onset
#	1) Peroneal Nerve Palsy L side a) Unable to take shower independently	02/02/90
#	b) Unable to shop for ½ hour before resting ---resolved 10-28-94	
#	2) L knee instability ----resolved 10-28-94	02-02-94
#	3) R shoulder pain and UE pain	03-18-94
	a) decreased ROM R shoulder	
#	b) R shoulder pain prevents cooking one meal without having to rest ---resolved 10-28-	
	c) Unable to sleep through the night secondary to R shoulder pain (5 years approx.)	

PROGRESS:

S: "You should have seen it. I was standing there and I was bouncing and bouncing and all of a sudden there just wasn't anymore pain and I felt like I could go on forever. I don't have anymore pain at this time. There is no pain in my foot, my back, shoulders, neck. You can touch my toe and there is no more sensetivity there. I can kick. I can do anything. I still have somewhat of a drop foot but [redacted] thinks that will resolve as well."

O: Patient has been seen in PT 44 times including today since beginning her therapy on 2-08-94. PAIN: Patient states that there is no pain in R shoulder/neck area, as well as low XXXXXXXXX back area or bilateral knee pain. Patient states that she has not had any pain since going to her religous healing festival in Mass. (MOBILITY:) At this time patient is not using her L LE brace and patient feels as though she can do anything. Patient is now able to rise from a low seated position which before this she was unable to do. Patient was able to get in and out of a bath tub in order to shower. Patient is able to do all the shopping, XXXXXXXXXX household chores and sleeping without any pain noted as well as cooking meal. At this time it appears that patient is able to perform and do any task that she wishes at this time without any limiting pain.

A: At this time patient seems to have been healed by a miracle as she has no pain at this XXXXXXXXXX time. Patient does note to have a slight foot drop on the L. But per patient her physician feels that this may resolve as well. Patient may wish to obtain an AFO if this is not clear but patient is still able to function independently without her L LE brace. At this time patient has achieved all short term/long term goals which have been decribed above. I feel that patient doesn't need any further PT intervention at this time XXXX and if a need arises at a later date patient is encouraged to return to PT to address these areas.

PLAN:

P: PROGRAM: Discontinue patient from PT. ADDITIONAL INFORMATION: N/A PATIENT EDUCATION: N/A

MEDICARE/CAID ☐ D/C PLAN: D/C patient from PT services

PHYSICIAN'S ADDITION AND COMMENTS:

DATE OF FIRST TREATMENT

FREQUENCY: ☐ b.i.d. ☐ daily ☐ ____ x per week for ______ weeks

IF OUTPATIENT, PHYSICIAN WILL RE-EVALUATE ON ______

RECERT. DATE
10-28-94

DATE SEEN BY PHYSICIAN
06-24-94

THERAPIST SIGNATURE [redacted] R.P.T.

RECERTIFICATION SIGNATURE [redacted] M. D.

RECORD OF TREATMENTS

MONTH/YEAR	TREATMENTS	1	2	3	4	5	6	7	8	9	10	11	12	13	14	15	16	17	18	19	20	21	22	23	24	25	26	27	28	29	30	31
10/94																																

RM 779-009 (5/78)

パトリシアが主のいやしによって触れられ回復した六日後、パトリシアのセラピストが記した報告書。パトリシアにはもはや治療する必要がない旨を記した。

……彼女は現在、全く正常に歩くことができる」

一九九四年一〇月二八日、クルセードの一週間後、パトリシアの治療師はこう書いています。

「現時点で患者は痛みがなく奇跡的にいやされたものとみられる。腓骨神経また左膝の障害、右肩の痛みという問題が並べられている報告書に、今は「一九九四年一〇月二八日――解決」と記されたのです」

「治療師は興奮のあまり、私をビデオに撮りました」とパトリシアは語っています。

今日、パトリシアとアレンはバーモント州バーリントンの小さな町に住み、様々な人々に奉仕しています。彼女は最近、このように述べています。

「あれから一年半が経ちましたが、痛みは完全にありません。神は私がもう一度歩けるようにしてくださいました。今は子供のときあの畑で走ったときのように、走れるようになることを信じています！」

偉大なる医者に学ぶ

それから、イエスはそこを去って、ツロとシドンの地方に立ちのかれた。すると、その地方のカ

ナン人の女が出て来て、叫び声をあげて言った。「主よ。ダビデの子よ。私をあわれんでください。娘が、ひどく悪霊に取りつかれているのです。」しかし、イエスは彼女に一言もお答にならなかった。そこで弟子たちはみもとに来て、「あの女を帰してやってください。叫びながらあとについて来るのです。」と言ってイエスに願った。しかし、イエスは答えて、「わたしは、イスラエルの家の滅びた羊以外のところには遣わされていません。」と言われた。しかし、その女は来て、イエスの前にひれ伏して、「主よ。私をお助けください。」すると、イエスは答えて、「子どもたちのパンを取り上げて、小犬に投げてやるのはよくないことです。」と言われた。しかし、女は言った。「主よ。そのとおりです。ただ、小犬でも主人の食卓から落ちるパンくずはいただきます。」そのとき、イエスは彼女は答えて言われた。「ああ、あなたの信仰はりっぱです。その願いどおりになるように。」すると、彼女の娘はその時から直った。

（マタイ一五・二一〜二八）

第一〇章　天のペースメーカー

「ダニーほど可愛い子は見たことがありませんわ。」

ダニーを養子として受け入れたエルヴァ・ガルシアは、ダニーを初めて見た時そう言いました。その時ダニーは生後四日で、体重は約一八〇〇グラムしかありませんでした。

エルヴァの義理の姉は、医師や看護婦の助けを借りず、テキサス州南部から流れるリオグランデ川の向こう、メキシコはタモーリパスのディアスオルダスの自宅でダニーを産みました。エルヴァは、その小さな赤ん坊を一目見るや、導きを感じました。

「まるでわが子に向けられた母親の愛情のような愛が、私の心中に入ってきたのです。私には神のご計画がどのようなものかはわかりませんでしたが、あの子が私の人生の一部分であることはわかりました。」

数週間後、赤ちゃんと母親に会うため、エルヴァは夫とテキサス州ロマにある自宅から車で出かけました。そのとき二人が目の当たりにしたのは、長い間乳を飲むことができずにやせ細った赤ん坊でした。エルヴァは、その子を助けるためにアメリカに連れて行かせてほしいと義理の姉に頼みましたが、姉は恐れを感じて断わりました。エルヴァは、人生を歩み始めたばかりの生命の危機に直面している小さな赤ん坊のために、熱心に祈りつつ家路に着きました。

「ダニーはどうしてもおちちを飲もうとせず、私がメキシコに会いに行く度に状態は悪くなっていました。そのうち彼の状態は非常に悪化し、私はもう訪ねて行くのをやめました。私の心はこの赤ん坊のために張りさけんばかりでしたが、あの子のために何もしてあげられなかったからです。」

とエルヴァは振り返りました。

果してエルヴァは、もし今でも彼女がダニーを求めているなら、引き取りにきてもらっても構わないとの電話を赤ん坊の祖父から受け取りました。エルヴァがメキシコに着いたときには、黒い髪の赤ん坊には循環機能の維持のために酸素吸入がなされ、ジギタリス（強心剤）が投与されていました。肺炎がダニーの弱々しい体に襲いかかっていたのです。医者からはあと三日の命と宣告されていました。ダニーは一歳三カ月でしたが、四キロありませんでした。

「ダニーは可愛らしい子です。私と主人はダニーを養子にしたいのです。」

エルヴァは、ダニーの健康を回復させるため二人で最善を尽くすと約束しました。

その子が生きるか死ぬかもわからないまま赤ん坊を恭しく受け取ると、夫妻はダニーを自宅に連れて帰りました。ダニーはエドゥアルド・ダニー・ガルシアと命名されました。

エルヴァはこう回想します。

「哺乳瓶一本も飲み干せないほどダニーは弱っていました。私たちは涙無しには彼にミルクをあげられませんでした。お医者さんたちは励ましにはなりませんでした。ダニーには望みがないと考えていることが見え見えだったからです。」

恐らくダニーにとって一番大切な命綱となったのは、新しい両親から与えられる愛と、彼の造り主であられる方の反らされることのない眼差しだったに違いありません。

生への執着

ガルシア夫妻は、子供のレントゲンを撮ってもらうことにしました。その結果、ダニーの心臓が肥大していることが判明しました。またその他の検査によって、ダニーには慢性の先天性心臓欠損があることが確認されました。

「ダニーの初めての心臓手術は、一歳七カ月といういたいけな時でした。あの子の命は手術以降危うい状態になりました。生まれてからの数カ月の間、栄養不良で苦しんだためです。手術によって心臓の穴は縫い合わされましたが、ダニーの弱った筋肉はなかなか傷口を塞ぐことができませんでした。実際のところ、ダニーには生き延びられるチャンスなどありませんでした。」とエルヴァは語ります。

[redacted]

PATIENT: Garcia, Eduardo Daniel CLINIC: [redacted]
BIRTH DATE: 11-27-78 TOWN: [redacted]
PRESENT DATE: 1-29-92

SUBJECTIVE:

13 year 2 month old male with history of Post Operative Ventricular Sep
Defect with Pacemaker. Returns doing well.

OBJECTIVE:

PHYSICAL EXAMINATION: WT; 73 lbs. HT; 57 1/2 in. HC: n/a. CC: n/a. HR;
RR: 20. BP-RA: 102/60. LA; n/a. RL; n/a. LL: n/a.
GENERAL APPEARANCE: Well nourished, no distress.
BEHAVIOR: Cooperative, Calm.
HEENT: Normal.
NECK: Negative.
CHEST: Symmetrical.
LUNGS: Clear.
SKIN: n/a.
HEART: No thrills present. Peripheral pulses are equal and strong. A
impulse is at the 5th left intercostal space along the midclavicular li
No right ventricle impulse present. Harsh systolic ejection murmur gr
I/VI at left lower sternal border. No diastolic murmur present. First he
sound is split. Second heart sound is normal, No ejection click presen
ABDOMEN: Negative.
EXTREMITIES: Negative.
CHEST X-RAY: n/a.
EKG: Normal 100% Pacemaker.
TWO DIMENSIONAL ECHO: n/a.
M MODE ECHO: n/a.

ASSESSMENT:

DIAGNOSIS: (1) Post Operative Ventricular Septal Defect.
(2) Post Operative DDD Pacemaker.

PLAN:

DIAGNOSTIC: (1) Return to clinic in 2 months with EKG.
(2) Continue Precautions Against Subacute Bacterial Endocarditis w
Routine Dental Care. (3) Moderate restrictions.
(4) Call Corpus and get pacemaker check.

[redacted]
Medical Director

[redacted]
cc: [redacted]

一九九二年一月二九日に検査された診断結果。ダニーの動悸は正常であるが、恒久的ペースメーカーが必要である旨を記した診断書。

ダニーは、どうにか命を取り留めました。

「私たちはダニーを他の子と比べようとは思いませんでした。メキシコから引き取って以来、あの子がどれほど遠い道のりを歩んで来たか私たちはわかっていたからです。」

ダニーの病状を観察してきた外科医たちは、一九八二年十一月二四日の心臓切開手術のために、ヒューストンにある大きな病院に行くように薦めてきました。その日はダニーの四回目の誕生日の三日前でした。最初の手術で縫い合わされた穴は塞がりませんでした。そのために二回目の手術が必要でした。手術の間に、医師たちはダニーの心臓が自力では正常に脈打てないことに気づきました。そこで心拍を制御するために、一時的な調整器具を取り付けました。

手術後の一三日間、ダニーに恒久的なペースメーカーが必要かどうかを調べる検査が何度も行われました。検査の結果、ダニーの心臓には二つの問題点があることが判明しました。心臓を脈打たせるペースメーカーのような役割を果たす制動機関が、適切に機能していませんでした。また、その制動機関と血液を送り出す心房の間に閉塞が見られました。その閉塞が、血液を送り出す心房への電気的な刺激を届きにくくしていたのです。この段階で、医師たちはダニーに恒久的なペースメーカーが必要であると判断しました。

「ダニーには不整脈が見られます。そのため心臓だけでは十分な速さで脈打とうとしないのです。何らかの補助を必要としています。」と医師たちはエルヴァに助言しました。一九八四年十二月七日、ダニーは胃の近くに恒久的なペースメーカーを装着しました。

「ベルトを着けるときはいつもすごく気持ち悪かったよ。」

とダニーは言いました。

ダニーは、何か不自然なものが自分の身体を制御しているのを感じていました。

「ペースメーカーは、脈拍を毎分八〇回打つようにセットされていたんだけど、僕はもっと活発に動くたちだったんだ。だからペースメーカーのせいで、僕はいつもゆっくり動かなくちゃならなかった。変な感じだったよ」

とダニーは言います。

夜には、正反対の反応が起こりました。

「なかなか寝つけないんだ。僕の心臓は落ち着きたいのに、毎分八〇回の鼓動がひたすら続くんだ」

とダニーは回想します。

ダニーが七才の時のある晩のこと、ダニーは食事をしながら不平を言いました。

「僕、すごく気持ちが悪い。」

ダニーは、自分の身体の中でいつもとは違う何かが起きているのを感じ取ったのです。

ダニーはその晩、早く床に着きましたが、どうしても眠ることができませんでした。すぐにダニーは、母親を呼んで言いました。

「心臓のせいだと思うんだ。」

母親は急いでダニーの脈拍とペースメーカーを調べました。

「先生は、この機械は最低一〇年はもつとおしゃっていたけど、止まり掛けているみたいね。急ぎましょう。あなたをヒューストンの病院に連れて行かなくちゃ」

母親は言いました。

「あの時の乗り心地は絶対忘れないさ！。お母さんは救急車でも運転してるつもりになっていたに違いない。車と車の間を縫うように運転して、僕を緊急処置室まで連れて行ってくれたんだ」

とダニーは回想します。結果はというと、また手術でした。別のペースメーカーです。今度は、それをダニーの左胸に取り付けました。

そのような重い障害を背負って公立小学校へ入学したときの様子は、どうだったのでしょう。

「すぐに自分は他の子たちと違っているってわかったよ。飴玉の自動販売機にお金を入れられないし、カフェインが入ってる飲物も絶対飲めなかったからね。休み時間の運動も含めて、通常の人の心拍率を上昇させることは一切避けなければならなかったんだ」

とダニーは想い返します。

スポーツなど論外でした。医師たちはダニーの心拍を刺激させたくありませんでしたし、競技中にダニーが転倒することを憂慮したのです。ダニーのファイルには、担当医から学校関係者に宛てられた手紙が入っていました。担当医はこう綴っています。

「ダニーは先天性の心臓障害を持っており、ペースメーカーを装着しています。ダニーを体育の授業に参加させないでください。絶対にです」

ダニーにとって、一生続く病気との付き合いとはどのようなものだったのでしょう。心臓制御装置なしでは生きていくことすらできないのです。激しい動きを伴う活動には決して参加できません。心臓がもたないからです。体調も定期的に検査しなければなりませんでした。それは十代に突入しようとしていた少年にとって、余りにも過酷な将来でした。

「お母さんにはわかるの！」

ガルシア一家は、ロマという小さな町にある、聖書信仰に立ち、信仰をとおして霊感をもたらす教会に通っていました。この教会は、エルヴァが私たちが毎日行っているテレビ放送を見始める前から、奇跡を信じていました。長年の間、エルヴァは息子に言い続けました。

「近い内に、主がペースメーカーなしで生きて行けるようにしてくださるわ。私は知っているの」

私たちのクルセードが一九九三年一月にヒューストンにやって来ると告示されたとき、その教会から沢山の人々が参加することになりました。

そのときエルヴァは旅の費用が賄えず、参加を諦めました。しかしある朝、主は彼女に語られました。

「もしダニーをニューストンに連れて行くなら、わたしはダニーをいやそう」

その言葉を聞いて、エルヴァは大喜びしました。彼女が主がこう言われるのを聞いたのは二度目でしたが、主からの確認を与えていただけるよう求めました。エルヴァは、誰かがダニーをヒューストンへ連れて行くように言ってくれるに違いないと思いながら一日中待ち望みました。けれども、その晩エルヴァが帰宅するまで、誰からも確認の言葉を聞くことはできませんでした。

エルヴァは回想します。

「私は台所を掃除しながら祈っていました。そして神からの確認がなかったということは、私の聞き違いだったのですねと神に申し上げたのです。丁度その頃ダニーが、『お母さん、お母さん、僕をヒューストンへ連れてって。もし連れて行ってくれたら、神さまが僕を治してくれるんだ』と叫びながら家に入ってきました。それが私への確認だったのです！。神は確認を、ダニー自身に与えておられたのです」

一四歳のダニーと母親は旅立ちました。旅の途中、エルヴァは何度も何度も繰り返しました。

「ダニー、あなたはきっと治るわよ。お母さんにはわかるの！」

一九九三年一月一四日、木曜日の晩。それはクルセードの開幕の夜でした。集会では神が力強く働いておられました。講壇には、いやしを受けた人々が並んでいました。

「僕はその中には入れるように祈ったけど、何も起こりそうもなかった」

しかし翌日の晩のこと、ダニーは身体の中で何かわきき上がってくるような感じがしました。それは、友人たちと一緒に大競技場の片隅の席に着いたときから始まりました。「集会が始まるや否や、心の中で「今日は君の番だ！」って言う声が聞こえてきたんだ」

とダニーは回想します。

あの晩、神が私に講壇から語らせてくださった言葉を、ダニーは生涯忘れることはないでしょう。

「ベニー牧師は僕の方を向いて、『私の前に座っている若者は心臓病がいやされました』と言いましたね」

その言葉が語られた瞬間、ダニーは自分のことだと悟りました。

「まるで感電して、電流が身体から流れ出ていくような感じだった。僕は恐れを感じるどころか、暖かみと命を感じることができたんだ」

とダニーは想い返します。

エルヴァにもわかっていました。

「神の力がダニーに臨んだとき、ダニーは飛び跳ね始めたのです。私はダニーの前に座っていたので、急いで後ろを向いて、ダニーの足を抑えて落ち着かせようとしました」

エルヴァはこんなことも話してくれました。「ところがダニーの回りに集まってきた人たちの多くは、床に倒されてしまいました。その中には私たちの教会の人も何人かいました」

ダニーは講壇の上で証しをしませんでしたが、自分の心臓に奇跡が起きたことを知っていました。

本物だった

ダニーは言います。

「その晩、帰宅途中の車の中で、僕は何かが今までと違っていることに気づいた。小さかった頃は自分の心臓が動いているのを感じることができなくて、ただペースメーカーが脈打ってるのを感じるだけだった。でもその夜、僕の胸の中で脈打っていたものは人工のものじゃなかった。本物の僕の心臓だったんだ」

母親も喜びながらダニーに言いました。

「あなたが治ったことは神さまがお医者さまに示してくださるわ。」二人は、この出来事については医師たちに話しませんでした。

エルヴァは言いました。

「私は神に申し上げました。神さまがこのすばらしい奇跡をなしてくださったのですから、私は邪魔をしません。最後まで神さまにやっていただきますって」

二人は待ち望み、祈りに祈りました。ダニーはどんどんよくなっていきました。身体が急速に成長し始め、以前よりもたくさん食べるようになりました。ダニーは丈夫になり、検査結果にもそれが表れました。けれどもエルヴァは、

「神は依然として働いてくださいませんでした」

PATIENT: Garcia, Eduardo　　**DOB:** 11/27/78

LOCATION:　　**HOSP MR#:** [redacted]　　**DATE:** ADM 7/24/93
DIS 7/30/93

DOCTOR: [redacted]

DISCHARGE SUMMARY

CHIEF COMPLAINT: This is a 14 year old male with a history of VSD repair at the age of 1 year and 7 month. The patient had a pacemaker placed on 10/24/85 (7005 model, serial #GN20085294). He was recently discharged fro DCH for pacemaker malfunction. The patient was sent home with a Holter monitor, and admitted at this time for Holter monitoring for 48 hours to decide about removing the pacemaker. He has been asymptomatic.

Past Medical History: Remarkable for bronchitis in January; treated with antibiotics. Surgical history is remarkable for surgery in the past and placement of pacemaker in 1985. Immunizations are up to date. Pre-natal and post-natal are unknown as the patient is adopted. Apparently delivery was at home and was spontaneous vaginal. Birth weight was 4 lb. Development is adequate for age.

Social History: Four siblings at home. Some history of TB in the family. Otherwise, there is no other information available on the family history. The patient lives with his adoptive mother. [redacted] No one smokes.

PHYSICAL: Temperature 97.2 F, pulse 78, respiratory rate 20, blood pressure 105/61, weight 41.3 kg, height 156 cm. The patient was awake, alert and in no acute distress. HEENT were normal. Neck - supple; no adenopathy. Chest - asymmetric; evidence of pacemaker placement in left anterior chest wall subcutaneously. Lungs - clear bilaterally. CVS - rhythmic; heart sounds normal; no murmurs. Abdomen - flat; no hepatosplenomegaly; bowel sounds present. [redacted] Sk - normal. Extremities - good capillary refill; good peripheral pulses in all four extremities; DTR's present. CNS - awake, cooperative and oriented; no focal deficits.

HOSPITAL COURSE: The patient was admitted for 48 hours of Holter monitoring. The monitoring showed sinus rhythm, for which reason the decision to remove the pacemaker was made.

TREATMENT/PROGRESS: [redacted] had the pacemaker removed on 7/29/93, with no complications. Holter monitoring was repeated after the pacemaker was removed, which also showed sinus rhythm.

　一九九三年七月三〇日に記された報告書。ダニーのペースメーカーがはずされた後も、脈拍が正常値であることを記したレポート。

と言いました。

一九九三年七月九日、ダニーのペースメーカーが奇妙な振動を発し始めました。ダニーはその驚きを母親に説明しようとしました。

「調べてもらったほうがいいよ」

エルヴァが電話すると、当直に当たっていた人はダニーを近くの病院に直ちに連れて行くよう指示しました。ペースメーカーが正常に機能していなかったからです。エルヴァはダニーから様子を聞き続けました。医師たちの要望とは裏腹に、エルヴァはダニーを遠く離れたコープスクリスティにある病院に連れて行きました。しかしエルヴァには、ダニーは大丈夫だとわかっていました。二人が着いたのは、もう真夜中でした。

「病院では朝の四時頃までダニーを検査しました。けれども何もわかりませんでした」

と母親は言いました。そのとき時医師たちの一人は言いました。

「午前一〇時に手術を行い、新しいペースメーカーを入れます」

その早朝の数時間の間エルヴァは、医師たちが奇跡が起きたことと手術が不要であることに気づくよう、祈り続けました。外科医たちが、これからしようとしていることを説明するためにダニーの部屋に来たとき、ダニーは集中看護を受けていました。医師たちは言いました。「今度君が着けるペースメーカーはとても小さくて、今着けているのよりもずっといいよ」

ダニーは急に恐ろしくなりました。そのため、ビデオモニター画面の指標が急上昇し始め、どんどん上がっていきました。医師たちは他の者たちを呼び寄せて言いました。

「見ろ！。ダニーの心臓がこんな動きをするなんてありえないことだ！」

一〇年間ダニーの心臓は、ただダニーが生きて行くのに十分な速さで脈を打つということのためにペースメーカーを必要としてきました。しかし今、彼の心臓はペースメーカーが維持してきた速さを上回っていたのです。

「ダニー、落ち着いてくれるかい」

すぐに医師たちは、ダニーにいろいろな検査を施しました。初めは、部屋の中を歩いたり走ったりするように言われました。モニターは間違っていませんでした。ダニーの心臓はもっと速く脈打ち始め、一分間に一七二回にまで上がりました。今度は寝そべるように言われ、脈拍は八〇くらいに下がりました。ダニーがもう一度走ると、脈はまた一七二になりました。医師たちには信じられませんでした。

「手術は延期することにします。ダニーの心臓が正常に機能しているように見えますので」

とのことでした。

一九九三年七月一三日、ダニーは退院しました。医師たちは、心臓の動きを記録するモニターを着けるようにと、ダニーに渡してくれました。医師たちは更なる検査がなされるまではペースメーカーを取り外すことに気が進まず、こう言いました。

「ペースメーカーのスイッチは切っておきましたが、まだ動力液が少し残っていましたので、万一ダニーの心臓が停止して再びペースメーカーが必要になった場合のために、身体の中に残しておきました」

一九九三年七月二九日、ついに医師たちはペースメーカーを取り外しました。というのは、ダニーの心臓が正常な人の心臓と全く同じように脈打っていたからです。

新たな報告

その後ダニーは、何度も検査を受けました。一九九五年八月のストレステストの間、ダニーは何の問題もなしに一六分間走り続けるという記録を打ち立てました。学校関係者に対して、ダニーは体育には「絶対に」参加できないと言った医師のことを考えると、ダニーはほ笑んでしまいます。

学校では、ダニーはオリンピックのレスリングの種目に参加を目指しました。八番勝負で七勝しました。フットボール選手に負けただけでした。

「今はテニスをやっています。チョコレートも食べるし、今までずっとできなかったおもしろいことも何でもやっていますよ」

とダニーは言います。最近では、学校の陸上競技チームへの参加に挑戦することにしました。

過去、医師によってしか生き残る道がなかったダニーにとって、検査結果は正常値を示しています。つまり、「偉大なる医師であられるお方によっていやされた」ということを意味しているのです。

PATIENT: Garcia, Edwardo DOB: 11-27-78

LOCATION: HOSP#: [redacted] DATE: ADM: 7-9-93
DIS: 7-13-93

DOCTOR; [redacted]

DISCHARGE SUMMARY

This is a 14 year 7 month old known cardiac patient with history of V
repair at one year 7 months and at 4 years of age. Had a left pulmona
artery correction. Initially had a VSD repair at one year 7 months and th
had a left pulmonary artery and aortic valve lavage after 2 years aft
surgical procedure. Also a pacemaker was implanted and revised in 198
Mother noticed two days ago that the patient became sleepy and tired. Moth
checked pulse and showed pulse irregularities. Mother found that t
pacemaker battery was not functioning. Patient came for medical attentio
The patient lives in Roma, Texas. The pacemaker implanted 10-24-85 is 70
Model, Serial # TN20085294. No medications.

PAST MEDICAL HISTORY: This is an adopted child. He has VSD as mention
previously. No left pulmonary artery. Heart surgery was done at [redacted] IMMUNIZATIONS ARE APPARENTLY UP TO DATE.

DEVELOPMENT: Adequate for age.

SOCIAL: Lives with adopted mother, alone. There is no family histo
available due to the patient being adopted.

PHYSICAL EXAM: On admission temp 97.9, weight 41.1 kg, height 152 cm,
128, pulse 168, BP 115/69 in left arm, 115/61 in right arm. Gener
condition - alert, no acute distress. Physical exam in gener
unremarkable, except for low heart rate. Otherwise completely within norm
limits. The patient had an initial impression of pacemaker malfunction. h
an EKG, chest x-ray, urinalysis, CBC, electrolytes and type and cross.

The patient was admitted to ICU for close observation. Due to his remarkab
improvement, he was transferred to the floor the second day
hospitalization. Also the pacemaker was revised and the patient had
HOlter monitor placed the day of the hospitalization which showed some l
heart rate consistent with heart block. Also had a treadmill stress te
which seemed like heart responded remarkably well, not within norm
limits but went up to 172 after excercise. Second Holter monitor after t
stress test continued to show some slowing of the heart rate 39 wh
sleeping for which reason the patient otherwise remained stable on t
floor. The patient on 7-13-93 after review of the Holter monitor and che
with cardiologist in Houston, was decided to be discharged home on
medications, to have a recheck of the Holter monitor in a week. Have foll
up with [redacted] in a week and to decide removing of the pacemaker aft
reviewing the Holter in a week.

一九九三年七月一三日、ダニーが神に触れられ奇跡的に改善したことを医師が記した書状。

偉大なる医師からの教訓

イエスが家を出ると、二人の盲人がイエスの後に着いてきて叫び出しました。「ダビデの子よ。哀れみを！私たちに哀れみを！」イエスが家に着くと、その盲人たちはイエスと一緒に中に入りました。イエスは彼らに言いました。「わたしにそんなことができると本当に信じるのですか」彼らは言いました。「もちろんです。主よ！」

イエスは彼らの目に触って言いました。「あなたがたの信じるとおりになれ」その通りのことが起こりました。彼らは見えるようになったのです。するとイエスはとても厳しい態度をとりました。「どのようにしてこのことが起きたかを誰にも知られてはいけません」けれども彼らは出て行くと、出会う者すべてにべらべらとしゃべりまくりました。

その直後、盲人たちが立ち去ると、悪霊によっておしにされてしまった男がイエスのところに連れてこられました。イエスが悪霊を追い出すや否や、男は今までも普通に話せたかのように話だしました。人々は立ち上がって拍手喝采しました。「今までイスラエルにこんなことがあったでしょうか！」

パリサイ人はぶつぶつ言いながら去って行きました。「アブラカタブーラ。あんなものは、まじない以外の何ものでもない。たぶん悪魔と協定でも結んでるのだろう」

（マタイ九・二七〜三四）

第十一章　カムバック

一九九三年一〇月二三日のこと、アランとスザンヌ・フリックは夫妻でトラック運転手のチームを組み、ワシントン州シアトルとオレゴン州ポートランド間をボブテイルしていました。ボブテイルとは、トラック運転手の用語で、トレーラーを引かずに走ることを意味しています。

スザンヌはトラックの後部席で寝ていました。アランが運転していましたが、トラックは道路にあった大きな穴の上を不意に通りかかってしまいました。トラックにはエアーサスペンションが付いていませんでした。

「私は文字通り宙を舞い、落ちてきたとき背中を強く打ちました」

とスザンヌは言います。

初めスザンヌは、ちょっとした刺すような痛みを感じましたが、大したことはないと思って気にしないようにしていました。けれども翌日になるとすさまじい痛みが続き、次第にひどくなっていきました。

「私は以前、腎臓病にかかったことがありました。トラックでの衝撃がきっかけとなってまた同じ様な症状を引き起こしたのだと思っていました」

とスザンヌは回想します。

約五日後のこと。二人が働いている運送会社に荷物を二つ、三つ届けた後、スザンヌはほとんど動けなくなってしまいました。

スザンヌは「検査してもらったほうがいいみたい」とアランに言いました。

そのとき二人は、イリノイ州に向かっていました。二人がシカゴにある運送会社のターミナルに到着すると、責任者が彼女を医者に見せる手はずを整えてくれていました。

「医師が背中を見てくださったときは、痛みがひどくて我慢できないくらいでした」

とスザンヌは言います。会社は二人を業務から外し、スザンヌは最低二日間、現地のホテルで療養するように命じられました。その晩スザンヌは、横になるや否や背中が硬直したのを感じました。

彼女はその時の様子をよく覚えています。

「あんなことは以前にはありませんでした。私は恐ろしくなりました」

翌朝早く、ほんの数分間眠っただけで、スザンヌはベッドから抜けでましたが、悲しいことに足が動きませんでした。アランは急いで救急車を呼び、スザンヌは近くの病院にかつぎ込まれました。

「医師は、コーチゾンを含む何種類かの注射をしてくださいましたが、助けにはなりませんでした」

とスザンヌは言います。一人では歩けなくなっていたため、病院は彼女に歩行器と車椅子を与えました。

六日後の一九九三年十一月四日、スザンヌは病院から退院させられました。医師たちはスザンヌが自分で対応できると判断したので、スザンヌとアランはニューメキシコ州のデミングにある自宅に飛行機で帰りました。翌日、スザンヌはかかり付けの医者に会うことができ、早速、現地の整形外科の専門医に検査してもらえるよう取り計らってもらいました。

「専門の医師にも痛みの原因がわかりませんでした。そこで私は、テキサス州のエルパソにある大病院に送られました」

とスザンヌは言います。彼女は入院し、一九九三年の十一月中、広範囲な検査がなされました。

「あまりにも痛みがひどいので、ありとあらゆる薬を投与してもらいました」

とスザンヌは回想します。

絶体絶命の追求

スザンヌは腰部椎間板損傷という一応の診断を受けました。痛みを止めるためのコーチゾンを含んだ脊椎注射を受けました。

「注射は一時的に痛みを和らげてくれましたが、症状は悪化していきました」

とスザンヌは回想します。痛みを忘れさせてくれたのはラジオから流れて来るゴスペルソングとTBNのテレビ伝道番組だけでした。

スザンヌは、インディアナ州のエホバの証人の家庭に生まれ育ち、過去の人生には辛い出来事もありました。結婚して三人の子供が生まれましたが、十代を迎えると彼らは、一九八五年にみな出て行ってしまいました。三年後、初めの夫は重い心臓発作で亡くなりました。

「私は人生に起こるすべてのことのゆえに神を責めたてました。そして自分の人生はゴミ溜に向かっているかのようにすら考えていました」

スザンヌは孤独と極貧の人生をアリゾナ州プレスコットで送り、人生の方向性を失っていました。

「突然私は、『わが子よ、家に帰りなさい』という内なる声を繰り返し聞きました」

スザンヌは四〇歳の時、彼女が送ってきた人生のゆえに物理的に破綻し、身の回りのわずかなものを持って母親の住むニューメキシコ州デミングに行きました。

「あなたが私のところに身を寄せるのなら、条件が一つだけあるわ。週に最低一回は私と一緒に教会へ行くのよ」

と母は言いました。母親は御霊に満たされた教会で新生したクリスチャンとなり、神の真理を見いだし、エホバの証人をやめていたのです。

翌日スザンヌは、母親と一緒にアッセンブリーズ・オブ・ゴッド教団の小さな教会に行きました。

「私はできるだけ後ろの席に座りました。けれども神の力が私を講壇へ連れだして、私はそこでイエス様と出会いました。翌日の晩も、私は教会へ行きました。そしてその次の日も。入口が開いているときはいつも、母と私は教会に行きました」

とスザンヌは言います。

ある週スザンヌは救われ、翌週聖霊のバプテスマを受け、数日後には水のバプテスマを受けました。

一九九一年のこと、スザンヌはトラックのたまり場でウエイトレスをしていました。ある晩そこへアラン・フリックが入ってきて、彼女の担当のテーブルに座りました。五時間半たっても二人はまだおしゃべりしていました。

「初めて会った時に、この人は神が生涯の伴侶として備えた人だとわかりました」

とスザンヌは回想します。半年後二人は、彼らが通っていた小さな教会で式を挙げました。

スザンヌは夫から離れたくない一心で、大型一八輪車の運転免許を取りました。そして運送会社から、夫婦チームとして雇ってもらうことができました。

スザンヌの背中が悪くなったためにアランは運送会社を辞め、看病に時間を費やしました。スザンヌは退院することができ、家に戻りましたが、背中の痛みは一向に良くなりませんでした。背中だけでなく、足にも痛みがあったのです。

「歩行器を常に使わなければなりませんでした。何歩か歩くと、私の足はへたばってしまいました。足の感覚を失うというのは恐しいことです。私は何度も転び、その度毎にアランが私を抱き起こすんです」

とスザンヌは言います。

スザンヌには背中のための特別な器具が装着されました。彼女は、低周波の電気的なインパルスで腰に振動を与える電動式のパックを二四時間着けることになりました。

一年と半年の間に、運送会社は六万八千ドル（約七百万円）の医療費の請求書を支払いました。ついにスザンヌとアランは、スザンヌの労働者損害補償によって生活するようになりました。

必死に生きる

一九九五年一月のこと、聖霊さまがスザンヌに語りました。

「信仰によって歩みだしてほしい。あなたの人生に祝福を与えてきた働きを支援してほしいのだ」

スザンヌは、機会がある度に『今日はあなたの日』という私たちの番組を見始めました。

「その番組によって霊的に養われました。主はその働きの契約パートナーになるように言われました。私には、自分がいやされることがわかっていました。後は時間の問題でした」

アランは、デミング南部の鉱山開発を指揮する仕事に就いていました。ある日アランが帰って来ると、スザンヌが歓喜の声を上げました。

「今ベニー・ヒンの番組で聞いたんだけど、五月にオクラホマ市でクルセードをするんですって。

[redacted]

NAME: FRICK, SUZANNE [redacted]

DATE: March 30, 1995

CHIEF COMPLAINT: Back pain and leg pain.

HISTORY OF PRESENT ILLNESS: This 44 year old female, who work with her husband as a cross country truck driver, states that sh was injured in October of 1993. While sleeping in the back of th truck, apparently the truck went over some bumps and jolted her u and down. The following morning on getting out of the bunk, sh had a twinge of pain in her back. She had previously had a kidne infection, and thought perhaps this was it. As she continued t travel with the truck, she developed further progressive, sever pain. She states that when they arrived in Chicago she was havin extreme pain in the low back area and had lost sensation in he legs. She was seen and evaluated by a physician there and told t get bed rest in a hotel, for a two day period of time. Sh subsequently got worse and was admitted to a hospital. She wa treated non-surgically there. She did have evaluations, apparentl with a MRI and she thinks also an EMG study.

She continued with pain and subsequently was sent home to Deming NM, by air. She had continued symptomatology in her back, at tha time, saw local physicians in Deming and was referred to a spina surgeon in El Paso, TX.

She was seen, evaluated and treated further in El Paso with a epidural steroid block. This gave some relief for about four c five months, but she has again developed pain and sciatica in bot legs, particularly severe in the right.

Symptoms of back and leg pain have been intermittent in severit since the injury, despite all treatment and many episodes of beir incapacitated with back and leg pain.

Approximately three or four weeks ago her symptoms got worse ar with her exacerbation of symptoms her complaints are one of lo back pain with radiation down the back of both legs to the toes more so on the right. Pain is worse with exertion and it is ease somewhat by using a TENS unit and with rest, but not completely se [redacted]

スザンヌの主治医が一九九五年三月三〇日に彼女の状態を記した報告書。

アラン、本当にそうなるかどうかわからないけど、とにかく行かなくちゃ」

スザンヌは打ち沈んだ様子でした。

「私の顔は空気でパンパンになったようでした。強い薬を飲んでいたからです。痛みを堪えるというよりも、必死で生きていたという感じでした」

と彼女は言います。それに加えて彼女の内側では、運送会社に対する強い苦みが広がっていました。自分の問題の責任を押し付けていたのです。長期に渡る経済的な問題のために、会社はスザンヌが入社する以前からこの病気があったのではないかと言わんばかりでした。もちろんスザンヌには、そうではないことはわかっていました。

オクラホマクルセードの一週間前のこと、運送会社がスザンヌに関する問題を解決するために訴訟を起こしました。その時スザンヌは、夫の上司から予期せぬ内容の電話を受け取りました。

「あなたが運送会社を赦し、忘れ去るまでは、あなたはいやされないでしょう」

スザンヌはその通りにしました。

「私が苦々しさを捨て去ったときは、まるで何百キロもの重荷を肩から取り除けられたような気持ちでした。今度こそ神が何かすばらしいことをしてくださるというのがわかったんです」

運送会社は最終的な医学的な見解を求めてきました。そして結果はその週の内に明らかになりました。新しい医師はスザンヌの腰と足の痛みを証明しましたが、同時に、さらに深刻な肉体的欠陥を示唆する異常を発見したのです。医師にできることは、さらに詳しい検査を受けるように薦めることだけでした。

スザンヌはその医師の言葉を生涯忘れないでしょう。

「私たちはあなたに具合いを聞いて、できるだけ痛みを取り去る努力をします。しかしそれ以上のことは何もできません」

スザンヌは言います。「このとき私は、『主よ。私の身にどんなことが起ころうとも、召される日に至るまであなたを賛美します。もしこのまま死ぬとしても、私はあなたを賛美します』と祈りました」

サタンのささやき

フリック夫妻はオクラホマ市に向かって旅立ちました。スザンヌは、アランがピックアップトラックの座席の後ろに作ってくれた特製のベッドで身体を伸ばしながら旅をしました。それでもスザンヌにとって、その旅は耐えがたいほど辛い旅でした。止むことを知らない痛みのゆえに、スザンヌは涙を止めることができませんでした。

「ぼくたちは間違ったことをしたのだろうか。戻ったほうがいいかい」

アランが尋ねました。

「いいえ、集会には出席しなければならないわ」

揺るぎない決意をもってスザンヌは答えました。

旅の途中、スザンヌは痛み止めの薬に手を伸ばしました。しかし薬がどこかに行ってしまったことに気づきました。

「私、鞄に詰めたのをはっきり覚えてるわ。でもないのよ」

スザンヌは、「主が何か語っておられるのかしら」と思いました。ちょうど新約聖書の中で、長血の女が手を伸ばしてキリストの衣の房に触れ、信仰を行使したという記事のようでした。スザンヌは困難な旅をすることをとおして、信仰を表明したのです。

モーテルにチェックインした二人は、アランの上司夫婦と一緒になりました。彼らもこの集会に来ていたのです。一向は、一九九五年五月十一日の木曜の夜の集会が始まる数時間前に、ミリアードコンベンションセンターに到着しました。

スザンヌは車椅子を使わずに集会に出席する決心をしていました。彼女は回想します。

「進めば進ほど、悶え苦しむばかりでした。サタンは私にささやいていました。『もしいやされなかったらどうなるだろうねえ。そうしたらお前はどうするんだい』」

誰の目にも絶望的な彼女の様子を見たアッシャーたちは、スザンヌを特別席に案内しました。そこは身体が萎えた人や特にケアーの必要な人たちのための場所でした。けれども自分の友人たちが上の方の席に座っているのを見たスザンヌは、アランの方を向いて、

「あの上の方に行って、みんなと一緒に座らないといけない気がするの」

[redacted]

ORTHOPAEDIC SURGERY **DISORDERS OF THE SPINE**

Date: April 26, 1994 Insurance Co: [redacted]

Re: FRICK, Susan
Emp: [redacted]
DOI: 10/29/93
SSN: [redacted]
Claim #: [redacted]
Patient #: [redacted]

DISABILITY RATING

DIAGNOSIS: Degenerative disc disease, L4 and L5.
Herniated nucleus pulposus, L4.

I believe Ms. Frick has reached maximum medical improvement at this time. Range of motion measurements were obtained in the office which reveal 32 degrees of flexion, 0 degrees of extension, 12 degrees right lateral flexion, and 13 degrees left lateral flexion. Sacral range of motion is 30 degrees of flexion and 6 degrees of extension. Straight leg raising is measured at 33 degrees on the right and 43 degrees on the left.

Based on The AMA Guides to Evaluation of Permanent Impairment the patient carries a total body partial permanent impairment of 24%. The range of motion measurements are valid according to The AMA Guides to Evaluation of Permanent Impairment.

Ms. Frick will return to this office on an as needed basis only.

[redacted]

Enclosure

一九九四年四月二六日に、スザンナの主治医が保険会社に宛てた手紙。スザンナに機能障害がある旨を記したもの。

と言いました。

崩れ折れる足を引きずり、一歩踏む毎に涙を流しながら、スザンヌは登っていきました。アランがスザンヌを支えながら動いていく痛々しい光景を人々は見つめていました。

そのときスザンヌが自分たちが元いた場所を見おろすと、いろいろな人のために祈っているスタッフの女性の姿が目に留まりました。彼女は回想します。

「あの人にふれられた人は、身体の回りが突然輝き出すように見えたわ。アラン、上に連れて行ってって頼んだけど、戻って彼女に祈ってもらいたいの」

痛みを堪えながら一歩一歩戻って行く中で、スザンヌの心の中で単純明快な言葉が繰り返し聞こえてきました。

「祈って信じなさい。そうすればあなたは受け取るでしょう」

スザンヌが元いたところにたどり着いたのは、集会が始まる二時間も前でした。その女性がちょうど小さな子供のために祈り終えたので、スザンヌは彼女に話しかけました。

「主は、もし私があなたと一緒に祈って信じるなら受け取ると言われ、私をここへ導かれました」

その後一五分間、その女性は熱心にスザンヌのために祈り、それから席に座りました。

「彼女は私の両手を取って、信じられないような力と権威をもって神に叫びました」

突然何かが起こりました。

「私は、燃えるような熱い波が私の背中を流れて行くのを感じました。そして、『立ち上がって、歩きなさい！』という神の声を聞いたのです」

スザンヌは主に従い、一歩踏み出しました。そしてもう一歩。

「アランがステッキを取り去ってくれました。私は歩き方を覚えている赤ん坊のような気持ちでした」

さっきと同じ声がまた聞こえてきました。今度はこう言いました。

「わが子よ。あなたはもう受け取っています。さあ、走りだしなさい！」

スザンヌはその時の様子を説明してくれました。

「走りだしただけではありませんでした。痛みがなくなっていたんです。もうなかったんです！」

彼女の周囲にいた人々は拍手して主を誉め讃え始めました。

「私には『いと高き神に栄光あれ！』という天のコーラスが聞こえたんです」

とスザンヌは声を高めました。集会中スザンヌは、証しをするために講壇に歩いてきましたが、彼女は主を賛美するのを止めようとはしませんでした。

スザンヌの驚き

スザンヌが担当医のところに戻ってくると、医師は彼女を見てとても驚きました。

「あなたは私が治療していた女性ではありません。確かにあなたが変わったことはわかりますが、まだあなたには一〇パーセントの機能障害を認めざるをえません」

医師は、スザンヌが労災保険を受けられるようにとの配慮からそうコメントしました。

スザンヌは言いました。

「私にはそんなもの必要ありませんわ。治ったんですもの！」

徹底的に検査した後、医師は診療を取りやめました。一九九五年六月五日の最後の記録にはこうあります。

「患者が戻ってきた。彼女は痛みから解放されている。今日は、はきはきしていて明るかった。動きには軽快さがあり、微笑んでいた」

スザンヌの辛い体験によって唯一残った兆候は、右足と右の足首における若干の弱さだけでした。

スザンヌにとっての一番嬉しかったことの一つは、アーカンソー州へ旅したことでした。そこには夫婦で働いた運送会社の本部がありました。

「神がどのようにして奇跡をなしてくださったかを語ることができたばかりか、身体でそれを示すことができました。走ったり、身体を曲げたり、事務所の中を飛び跳ねたりして見せたんです！」
二、三日後には運送会社から電話があり、裁判を終わらせるためにオクラホマ市の裁判所に出廷してもらえるよう依頼されました。
「会社は高額の小切手を書きました。そして私が永久に会社の記録から外れることに感激していました」

[redacted]

FRICK, SUZANNE L. [redacted]
June 5, 1995

Patient returns, she is painfree. She states that she saw a healing minister in Oklahoma and she has not had pain since. She was alert and cheerful today, and moved with positive agility and a smile.

Her HLA-B27 test remained positive and she was informed of this.

Physical examination today demonstrated negative straight leg raising bilaterally. She remained with a diminished ankle jerk on the right and some weakness of dorsiflexion of the right foot.

IMPRESSION: Herniated nucleus pulposus, L-5, S-1, treated non surgically, ~~resolved and~~ doing very well.

RECOMMENDATIONS: No further aggressive treatment needed. No surgical indications present. Patient is functioning quite well but she does have residuals that are compatible with a herniate nucleus pulposus, and compatible with a radiculopathy bein present. In reviewing the AMA Guide for Permanent Physica Impairment, 4th Edition, her findings fit her into a Diagnosi Related Estimate lumbosacral Category III, which states that thi equates to a 10% whole person impairment. [redacted]
LETTER

一九九五年六月五日、スザンヌがクルセードに参加し、主によっていやされて後の約三週間後に記された書状。

とスザンヌは笑いました。

二人の弁護士がそれぞれスザンヌのところに電話をしてきて、言いました。

「あなたはご自分がどれほどのものを手放そうとしているかわかっておいでですか。本当にこれでいいのですか」

彼女は言いました。

「はい。私はいやされたので、このことに関する一切のことから解放されたいのです」

小切手を受け取った二人がまず初めにしたことは、予想外の収入の什一献金を捧げることでした。

一九九五年の母の日のこと。家にいたスザンヌはとてつもない驚きに浸りました。電話の向こうから、「お母さんですか」という声が聞こえてきました。それはスザンヌの双子の息子の一人でした。彼はミシガン州に住んでいましたが、何年間も音沙汰がありませんでした。

「お母さん。お母さんは間違ったことは何もしていません。僕たちは世間に押し流されたくなくて出て行っただけなんです。お母さんを愛しています。」

スザンヌは、喜びの涙を止めることができませんでした。間もなくスザンヌは、めでたく三人の子供たちと一緒に暮らすことになりました。

また主は、アランとスザンヌが再び夫婦トラックチームとして働けるように道を開いてくださいました。

「私たちが最初にした仕事は、カリフォルニア州のベイカビルまで大型トラック一台分のクッキーを運ぶことでした。そして、受け入れ先には誰もおらず、私たちは六時間もかかってクッキーの箱を下ろしたんです。でも神はその晩、神がいやすときは、完璧な御業をなさるこということを教えて下さいました」

スザンヌは証しします。

「神は私の健康と家族関係を回復してくださり、望んでいた以上のものを与えてくださいました。私は全ての人に証しします。転機は私がミラクルクルセードの契約パートナーになった時に始まりました。私は、もし神が仰せになったことを私が拒んでいたなら、神が与えようとしていたものを受け取ることはなかったと思っています」

アランとスザンヌは、トラックチームとしてカムバックしました。

「私たちは、いつでも主を賛美しています。たとえその道が平坦でなくても」

偉大なる医師に学ぶ

あるところに一人の女性がいました。彼女は関節炎のために、上を見上げることができないほど体が捻れ、屈んでしまっていました。この状態と一八年間戦ってきました。イエスは彼女をご覧になると、彼女を呼んで言いました。「女よ。あなたは自由です！」イエスが彼女に手を置くと、彼女は突然まっすぐに立ち上がり、神に栄光を帰しました。

集会所の指導者は怒りました。なぜならイエスが安息日にいやしを行ったからです。そして会衆に言いました。「六日間は働くように定められています。もしいやされたいのなら、その六日間の内のどの日かに来なさい。しかし七日目の安息日はいけません」

しかしイエスは言い返しました。「偽善者たち！あなたがたの誰もが安息日に牛や家畜を小屋から解いてやり、当然のこととして水を飲ませに外に出すではありませんか。それなのになぜわたしが、サタンが一八年間縛り付けていたこのアブラハムの娘を自由にし、小屋から出してやってはいけないのですか」

イエスがそのように言われると、批判していた者たちは恥ずかしくなり、顔を赤らめて去って行きました。会衆は喜び、イエスを誉め讃えました。

（ルカ一三・十一〜一七）

第十二章　生ける屍からの復活

「女たちは、死んだ者をよみがえらせていただきました。」（ヘブル十一・三五）

「こんな悪いなら死んだほうがましだわ」

とテレサ・ケプラーは取り乱したように友人に言いました。

「今の私たちの生活がまさにそうなのよね」

五年前を振り返れば、まさかこんなにも深い絶望に陥ってしまうような生活になるとは、テレサ自身もその家族も思いませんでした。一九八六年、ケプラー家はアイオワ州ホーキー近辺の一角、合衆国南部の小さな町に住んでいました。テレサは、五歳と一歳になる娘たちと共に専業主婦に励み、夫であるチッリは建築会社で働いていました。ケプラー家は毎週ミサに出席し、ときには二度教会へ行くこともありました。それは典型的なアメリカの家族でした。

しかし、ある晴れた秋の日のことでした。すべてが一変してしまったのです。五歳になる小さなジョイ・ケプラーは馬に乗り、乾燥したとうもろこし畑の小道を通っていました。するとそのとき突然、馬は悲鳴を上げ、何か危険物があったのか、脚を止め、片側に身を翻すのでした。馬が左側に胴体をひねったので、ジョイは右側に身体ごと投げ出されてしまいました。ジョイの身体は畑の小道にあった黒い堅い土の上に頭ごとたたきつけられたのです。一瞬、ジョイは意識を失い、それからまた意識を取り戻しました。

事故の後、ジョイはぼうっとしたり、めまいを感じ、目がギョロギョロし始めました。何度ももどし、その日の出来事や事故のことも、何もかも忘れてしまいました。ジョイの両親であるリチャードとテレサは娘の美しく輝いた眼に起こったことを知り、背筋が寒くなる思いでした。

「あなたの娘さんは脳しんとうです」

と救急室の医師は診察の後に彼らに伝えました。

「もし娘さんの様態を家で世話することができるなら連れて帰ってもいいですよ」

家に戻ると、ジョイは今までに感じたことのない痛みを感じ始めました。ひどい頭痛と首の痛みでした。そして絶え間なく幻想の中に出てる輪郭につぶやくようになりました。

「みんなボヤっとしていて。テレビも、お人形の顔も、ママの顔も……。みんな変だわ」

ジョイはこうつぶやくと悲しげに泣き叫ぶのでした。これといった理由もないのにめまいがしたり、頭がふらついたり、もどしたり、バランスを崩したり、そのすべてが彼女にとって苦痛でした。食欲も減り、首が硬直し痛みが伴い、動かすこともできませんでした。腕も脚も、刺すような痛みがあり、何度も叫びました。

「ママ、脚の感覚がないの」

ジョイの脚は萎え、床に座り込んでしまうのでした。

テレサとリチャードは医師とカイロプラクターのところへジョイを連れて何度も通いました。四年半の間に五五人の専門家のところへ出向いたのでした。医師は彼女の状況を説明するのに次ぎのような言葉を用いました。

- 首と背中の上部の損傷
- 子宮頸部脊髄の靭帯の破れ
- 精神的外傷となる子宮頸部と胸部の負担と捻挫が脳しんとうによって悪化
- 頭痛と視力低下を伴う靭帯の破れとけいれん
- 脳出血の疑い
- 眼球の損傷
- 混乱
- 逆行
- 記憶喪失
- 身体全体の損傷

これらのことはすべて事故の後、五年以内に診断されたことでした。しかしこの時点でも最悪の内容はまだ発見されていなかったのです。やがてジョイは神経と中央神経系統の専門家のところで診察するように言われました。苦痛を伴う恐ろしい検査の結果、医師は次の症状もあることを発見したのです。

・精神的障害の及ぶ脳の損傷
・一時的な前頭葉（左右）の損傷
・発作（部分的に複合発作）
・偏頭痛症候群
・言葉を明確に話したり、言葉を選択する際の困難
・話の筋に関する混乱
・嗅覚と味覚の一部損傷

ある医師はジョイの症状がいかに重いのかを次のように説明しました。

「あなたの娘さんはもう死んだと思われたほうがよろしいでしょう。しかも最悪なことに生涯この状態のまま世話をしなければなりません」

リチャードとテレサは呆然としました。あの社交的でおしゃべり好きな女の子はどうなってしま

うのでしょうか。

長い診断リストは理解し難いものです。しかしその一つひとつの事柄が現実として迫ってくるのでした。ジョイの最も大きな問題の一つは発作でした。ジョイが初めて眼を覚ましたとき、彼女は眼の焦点を合わすことができませんでした。そして何も見てはいないようでした。「ジョイ」と母親が呼んでも、娘の眼の前で手を振っても、何の反応もありませんでした。ジョイはただ数分間じっとしてボーっとするだけでした。

医師たちはこの発作について部分的・複合発作と診断しました。

「これは脳が傷を受けたことによるものです。あなたの娘さんが馬から投げ出されたとき、脳の奥が引き裂かれてしまいました。こういう傷の場合、どんな検査を受けて表面に出てきませんから、自ら治ろうと動くときに、傷の組織が形成されて、時に脳が信号を送ってもこの組織によって妨害されることがあるのです。そのため脳波は正常な連絡を通らず、脳中の別の部分へ送られてしまいます。そのとき予測のできないことが彼女の身体や頭、そして感情に生じてくるのです」

ジョイの神経精神病学者はその分野ではトップレベルですが、このように説明しました。

「ジョイの脳細胞の中にはまったく機能できなくなったものがあります。その上、発作が起きることに脳細胞はさらに痛めつけられ破壊されていくのです。今の医学ではその発作を制御することはできません。それは丸太の中で火が燃えて、その組織がゆっくりと焼き尽くされていくようなものです」

いくつかの報告書によって、ジョイの脳の中に異常な電気作用があることが確認されました。一見するとジョイはときどき何の問題もないように見えました。歩き回ったり、ときにはおしゃべりもできたからです。しかし体調の良い日もある一方で、絶望的に悪い日もやって来るのでした。医師団はジョイの症状を監視し「慢性病」と判断しました。カルテには「完全障害者」「機能的盲目」と書かれました。

テレサは医師にしがみつき言いました。

「何か方法は、希望はないのでしょうか」

しかし医師は非情にもこう答えるだけでした。

「脳細胞が回復するなど医学的には不可能であるという事実を理解し、受け入れなければなりません」

絶望する日々

親ならみな地上で最も辛いことはわが子が苦しむ姿を見ることだと思います。ジョイは複雑で冷酷な方法で、脳の損傷と別の問題に苦しみました。

発作をくりかえされ、その回数も段々増えていきました。さらに記憶機能も影響を受けていました。ある日、ジョイの父親が夕食のために家に戻って来ました。家族で食事をしているとき、ジョイは父親と話しをして、父親は再び仕事に出かけました。その直後、ジョイは母親にこう尋ねたのです。

「お父さんは何時に夕食に戻るの？」

脳の損傷のため記憶が混乱しているのでした。

母親が言うには、ジョイはよく強く眼をこすり、ある期間の出来事を忘れてしまうのです。神経精神病学者は、彼女が一度に二週間分の出来事をすべて忘れることもあると説明しました。その期間にも、普通に歩き話しもするのですが、その時の出来事は何一つ覚えていないのでした。それはまるで夢遊病のような状態でした。

医師たちの診断によると最善の治療は、テグレトールを大量に服用させて発作を抑えることでした。偏頭痛をおさえるためにはインデラルが処方されました。

偏頭痛は四六時中起きました。それによって、もどしたり、幻想を見たりしました。

ジョイはしょっちゅうイライラして、

「ママ、どこを見ても真っ赤な糸が見えるの。ちゃんと物が見えないの。助けて！」

と叫ぶのでした。いらだちと恐怖のために椅子を蹴飛ばしたり、嘆いたり、金切り声を上げたりしていました。ときどき、腕にたくさんのアリが登ってくると言って恐怖におののくのですが、現実にはそのようなことはありませんでした。

あらゆる症状に加えて、ジョイは眼に突然刺すような痛みを覚えるのでした。あるとき台所にいて突然眼の痛みが襲ってきました。ジョイは叫び声をあげて食器棚のある壁のところまで後ずさりしました。そして背中を食器棚にぶつけると再び叫んで痛みのために床に倒れてしまいました。

ジョイの主治医はその眼の痛みは、眼球の中に氷割りの棒を差し込みようなものだと言いました。その痛みに対する治療方は全くありませんでした。最悪の場合、可能なことといえば、フィオリナルを服用させることだけでした。ジョイはその劇薬によって倒れてしまうのでした。

テレサは思い出すようにこう言いました。

「そういうときは、よくジョイはソファーに横たわって泣き叫ぶのです。『助けて、ママ。助けて！』まるで彼女を裏切ったかのような眼つきで私を見るのです。あれくらいの年齢の子供は、お母さんは何でもできると思っていますからね」

しかし、母親は痛みを取り去ることはできませんでした。

ジョイがこのような痛みの中にあるのを見ても何もしてやれないという苦痛のため、テレサはやがて発作が始まると、家から出て外を走りながら心の中で、

「神さま、私たちを助けてください。神さまあなたはどこにおられるのですか」

と泣き叫ぶようになりました。

学習への渇望

ジョイの事故はちょうど学校へ入学しようとする頃に起きました。事故の起こる前、ジョイはすでにいくつかの基本的なことは学んでいて、幼稚園の全体テストで平均以上の点数をとっていました。しかし事故の後は普通に学ぶことはできなくなっていました。主治医である神経学者によると衝撃によって脳の一部が障害を受け、物事に集中したり、焦点を当てたり、注意を向けることができなくなっているというのでした。

ジョイはいくつかの学習不能によって苦しみました。まず数字や文字を読み取ることのできない失読症に悩まされました。「四二」という数字が「二四」に見えたり、「魚」という文字が「単」という文字に見えたりするのでした。会話の時でさえ「キャッシュ」という言葉を「ラッシュ」と発音したりしました。このことによってジョイはひどくいらだち自己嫌悪に陥ってしまいました。

普通の幼少時代を楽しむというより、彼女はその制限された世界の捕らわれの身のようなものでした。もはや喜びに溢れた少女ではなく、もの静かなふさぎ込んだ子になってしまいました。

ジョイの精神的な能力は日によって違ったということは注目すべき点です。ある医師は、

「それはまるで、ぼろぼろになった掃除機がコンセントにつながっているようなものです」

と言いました。

「ときどき作動しては、またときどき止まるのです。体調の良い日には、本当に普通にしているの

で、周囲の人々は彼女が正常だと思うのです」

ジョイが九歳になったとき、一八年間の実績のある教育心理学者が一時間彼女と共にいて、電話番号を教え込もうと試みました。その努力の結果、彼女は三ケタが四ケタの数字を覚えることができたのです。しかし、その五分後すべてを忘れてしまいました。

ジョイの教育に関する外見は貧しいのもでした。

「彼女はまるで粘土のような存在だ」

と教育上の専門家は悲しげに結論づけたのです。学校でも、ジョイは、学習不能のため特殊学級に入れられてしまいました。

絶望する娘と母

ジョイにとって世の中すべてが混乱に満ちたものとなってしまったのかを想像してみてください。これらすべての問題をどうにか対処しようとするのですが、何ひとつまともにできないことに気づくのでした。このかわいらしい少女は落ち込み不安でいっぱいになりました。

テレサ自身は、ジョイが回復する見込みは最終的には全くないという事実は受け入れ、自滅的になっていました。テレサは必至になって神の言っていることを聞きたいと願うようになりました。

そして、ミサに通い続け、神父に直接会いに行ったり、プロテスタントの牧師にさえも会いに行き

March 24, 1989

[redacted]

RE Joy Kapler

Dear [redacted]

Thank you for your letter in late January concerning Joy. I ha
recently completed a long hospitalization and thorough re-evaluati
of ~~Joy's situation.~~ I feel that this child is totally disabled as
result of minor motor seizures of the partial complex type, whi
occur with a frequency of many times per week, with alterations
awareness, despite very vigorous and rigorous therapy with medicati
since March of 1988. During these periods, the patient has
impairment in communication, and between these periods, the patie
has difficulties with learning, difficulties with emotional labilit
and severe headaches that impair her school performance and which,
fact, have required in-classroom aides to tutor the child sever
hours per week.

Finally, this child has also developed significant depression a
psychological problems secondary to the recurrent seizures and he
injury which she has had. For this reason, I feel that she clearly h
emotional disorders that further impair her, although I would sugge
that we use the letter of [redacted], who has recently seen t
child in psychological consultation, to further support the detail
this regard.

Sincerely,

[redacted]

一九八九年三月二四日、ジョイの部分的複合発作の影響について説明した手紙。

ました。

「神さまは助けてくださらないのですか」

と尋ね続けたのです。

あるカウンセラーは彼女は言いました。

「あなたに残されているのは死を待つことだけです」

また、こう言った人もいました。

「神さまは、さらに良きことのために、あなたの人生にこの事柄を許されたのです」

ジョイの母親はこんなひどいことを自分の娘にするような神を憎み始めました。彼女は怒りをもち、苦々しく、憎しみに満ちて、ひねくれてしまいました。

テレサはその時のことを回想しながらこう語りました。

「サタンの最大のわなは、イエス・キリストのご性質を中傷し、目をくらませることです。そうすることによって私たちの唯一の助けの望みを取り上げてしまうことだと、いまはっきりとわかります」

聖書には、神ではなく、サタンが殺したり、奪ったり、破壊するためにやってくるとあります。しかしイエスは、私たちが命を得、それを喜び、またそれを豊かにするために来られたのです（ヨハネ一〇・一〇参照）。

絶望の中でも、テレサは毎日聖書を読み始めました。そこに記されていることは、いやしと勝利の言葉ばかりでした。しかし彼女自身の周りには、敗北と絶望しかありませんでした。理解できないままに、彼女は何度も聖書を壁にたたきつけ、言いました。

「ここにはこう書いてあるのになぜなの？　私の人生と全然違うわ」

家庭崩壊

家族全員が絶望の渦の中に引き込まれていきました。一九八九年には専門家に薦められ、ジョイは公立の学校から出ることになりました。テレサは教育カウンセラーの助けをかりて、ジョイに家庭学習をさせようとしました。そのカウンセラーは損傷した頭脳をリハビリする専門家でした。カウンセラーが言うには、

「単純な文字を読むだけでも痛みが伴い、苦しみもだえるほどです。ですが、ジョイの記憶力と注意力以外はＩＱテストの結果は良好です」

とのことでした。つまり学校でもっと良い点が取れるはずだとジョイ自身は気づいていたのですが、それができない自分を発見していたということです。

その間にも、リチャードはいつものように五時に起きて大工の仕事に出かけました。彼は夜遅く帰宅すると、テレサと遅くまで話し込むのでした。ときには夜中まで起きていました。

「医者は何一ついいことは言わない。こんなことが起きているなんて信じられない。どうしたらい

いんだ」

あらゆる方面からきた請求書が山積みされていました。リチャードはよく机の前に座ってはふさぎ込んだものでした。

「どうしたらいいんだ、この請求額。支払い終える望みなど一つもない」

リチャードはそのときのことを振り返りながらこう語りました。

「私は神に信頼せず、すべてのことを自分でどうにかしなければと思っていました。そして、いつもイライラして、孤独でした。それに恐れと劣等感でいっぱいだったのです」

リチャードは落ち込み、殻に閉じ込もって、テレサとの会話を避けるようになりました。何日も、何週間も、何カ月もそのような状態が続きました。

「私はどうしたらいいのか全然わからなく、何一つ決断もできませんでした。ただすべての事柄から逃げていたのです」

とリチャードは語ります。

カウンセラーは以前、リチャードとテレサにジョイのそのような障害をもった子供の親は八九％の人たちが最後には離婚してしまう、と言ったことがありました。二人ともそんなことは決してない、と堅く誓ったのですが、今や二人は離婚寸前のところにまできていました。

ジョイの妹のケルジーは、あの事故が起きたとき一歳でした。ケルジーはほとんど笑いもなく、自分のための時間も全くないような家庭で育ちました。そして、ジョイの事故とほぼ同時に喘息の

June 27, 1988

[redacted]

re: Joy Anna Kapler

Dear [redacted]

I saw Joy recently after about 2 hours on the phone with her mother i preliminary discussion. Obviously from your reports (and her mother's descriptions), the child has a seizure disorder. Unfortunately, Joy's mother tells me that her most recent tegretol level was in the 5 to 6 range, and that Joy had had a particualrly bad day with headaches on the day prior t my exam. Thus, I assume that I did not see the child at her best. I certainl hope so.

Joy was tested by [redacted] in October of 1987, and the results of this exam were available to me when I saw Joy. Unforunately, Joy's WISC- Full Scale IQ was 12 points worse for me than for [redacted] (112 vs. 100). Her dichotic listening was L=18/50, R=42/50, this despite the fact that she did not know the meaning of about a third of the words she repeated correctly in the right ear. At least as of today, she is functionally illiterate. On the positive side, she was able to engage in undirected constructive play for 30 minutes without adult supervision or attention.

I believe that I should reexamine this child sometime two or three months after her tegretol levels have stabalized.

Best regards,

ジョイが落馬してから二年後、ジョイが七歳のときに検査された結果を報告する手紙。神経心理学者はこの手紙の中でジョイについて「機能的文盲」と説明。

症状をもつようになりました。その上、家庭の中の感情的ストレスによってケルジーの喘息は悪化していきました。一九九〇年にはその喘息の悪化で、四時間ごとに二〇分間昼も夜も関係なく呼吸するために機械をつけなければなりませんでした。またシロップも服用していました。

そのような時に、神はテレサの人生に一人の女性を送られたのでした。この人は医者でも、牧師でもなく、神の言葉を信じているクリスチャンでした。テレサにこう言ったのです。

「神はあなたが苦しむことを望んではいません。イエスさまはジョイが治ることを望んでおられるのです」

テレサは、この人が気が狂っていると思いました。

ターニングポイント

一九九〇年の秋、事故の四年後のことです。ケプラー一家は疲れ果てていました。テレサは内心こう考えるようになりました。

「私が死ねば、この苦しみから逃れることができるんだわ」

一九九〇年一〇月二四日、テレサは再びジョイが眼の痛みのために苦しみもがき、ソファーに横になると、突然、家の外へ逃げ出し、とうもろこし畑の中に走っていきました。何マイルも走って、とうもろこし畑の真ん中に倒れ込みました。そして顔を地面につっこむと、疲れ果てて倒れたまま

[redacted]

October 24, 1989

FOLLOW-UP FOR
Joy Kapler

Unfortunately, very bad results have been returned on Joy
educational abilities at this time. She basically has a ve
poor educational outlook, with very poor test performance
mainly secondary to frontal lobe symptomatology, with difficul
with motivation, impulse control, insight, planning, etc. The
are rather typical findings in this setting. She is also havi
increased difficulties with her headaches and seizure symptom
including staring spells again.

We will increase her Tegretol to 400-300-300-500, obtain a n
level, CBC, and SGOT in a week, and increase her Inderal to l
mg LA PO QAM and 80 mg LA PO QHS. We will follow-up in one mon
by phone.

(Dictated but not read by)
[redacted]

[redacted]

一九八六年の落馬以降、ジョイが苦しみ続けた問題について説明した神経学者の書状。

でした。一時間も生きていく意志ありませんでした。

「神さま！」

と心の中で叫びました。

「この問題に努力して立ち向かおうと思いました。でもダメです。もう何もありません。もしあなたがたった今、私の命を取ってくれないのなら、自分で死にます」

極度の落ち込みと疲労で、もう二度と立ち上がる気力がありませんでした。たとえその場で身体が腐っていっても起き上がる気持ちはありませんでした。

しかしその時でした。自分の努力の尽きたところ、彼女自身の中に命を保とうとするすべての努力が尽きたところで、神がご自身を現されたのです（ヨハネ一四・二一参照）。

テレサはこう回想します。

「私は何か見えない力が私を引き上げ、ひざまづいた状態まで持ち上げられたのです。それが神だということがわかりました。それから雲が動き二つに分かれ、私はイエスの顔を見たのです。眼から涙があふれ流れました。私はこの二年間涙を流しませんでした。復活の命、愛、喜び、平安が、私の身体全体に流れるかのようでした。神の栄光は言葉では説明できません。その瞬間、神は現実におられ、私の味方で、私の人生にこの悲劇をもたらしたのは神ではないということを悟ったのです」

テレサはとうもろこし畑から起き上がり、家へと帰りました。帰宅するやすぐにクリスチャンの友人に電話をしました。あの気が狂っていると思った婦人にです。

「私に起こったことが信じられますか」

と叫ぶと、

「あなたがもっているものを私にください」

とその婦人に言いました。

彼女はケプラー家にやって来ると、テレサとジョイ、ケルジーを祈りへと導き、イエスを救い主として受け入れ、聖霊のバプテスマを受けるように導いたのです（ヨハネ三・三、使徒一・五）。

「イエスさま、もう私にはどうすることもできません。どうか私の心の中に入ってきてください。そして私の人生を導いてください。神さま、私のすべての罪をどうぞ赦してください。そして、あなたの血で聖めてください。いま私を聖霊で満たしてください。残りの人生をすべてあなたにおゆだねします。どうか私たちを救い、解放し、いやしてください」（マルコ十一・二三〜二四参照）

すでにテレサは神の御言葉に対して強い飢え渇きをもつようになりました。テレサはむさぼるように聖書を読み、飢えた動物のように御言葉を食べ、かつてなかったような方法で理解したのです。

その二週間後、近くの町で、フルゴスペル主催の「いやしの集会」がありました。その晩はどしゃぶりの雨でした。テレサは一度もそのような集会に出席したことがありませんでした。しかしテレサは二人の娘を車に乗せ、集会に向かったのでした。

一人の人が神の力の大きさについて単純な証しをしました。彼は麻薬常習から解放され、禁断症

状さえないと話していました。さらに彼の妻はアルコールから解放されたとも証ししていました。テレサはその証しに驚き、

「なぜそんなことが起きるのかしら。そんなことできるはずがないわ」

と心の中で思っていました。

祈りの招きがなされると、集会の講師はケルジーの喘息とジョイのいやしのために祈りました。そして講師がテレサのところへ来たので、結婚生活がいやされるように祈ってくださいと願いました。痛みがいやされ、怒りが消え去るようにと。彼はそのために祈り、テレサを悔い改めの祈りへと導きました。

「私はすべての憎しみ、赦すことのできない思い、苦み、心のうちにある怒りが消え去るようでした。そしてこの時が私の人生における転換期であることを知りました。その夜、私は神の奇跡を受け入れたのです。結婚生活がいやされるように、そしてジョイの病に奇跡が起こるように」

帰宅の途中、テレサはケルジーが咳をしなくなったのに気づきました。その夜、ケルジーは咳をすることなくぐっすり眠ることができました。テレサはケルジーに呼吸を助けるための器械を着けようとしましたが、ケルジーが平安に眠っているのでその必要がなくなりました。

翌朝、テレサは今まで感じたことのない良い気分で起きあがりました。今まで苦しみの中で朝を迎えた日のことを思いました。いつもは重い足を引きずりながら、階段を降りていかなければならなかったのです。しかし、その朝はまるで階段を宙に浮いているかのようにして降りていったので

す。すべての苦しみは消え去りました。テレサはいったい何が起こったのか信じられませんでした。テレサはいままで神のいやしを信じる人々を呪い、迫害していたのです。

一九九〇年十一月二日のその晩以来、ケルジーはもはや喘息の症状を現すことはなくなりました。ケルジーは二度と呼吸器を使用することもなくなったのです。

しかし、ジョイは相変わらずのままでした。しかし、家庭の中においては何かが変わり始めていたのでした。　テレサは彼女の夫のために祈り始めたのです。祈るたびに、深い愛に満たされるのでした。

十一月のその二週間後、リチャードは感謝祭のとき、テレサと子供たちに『パパは君たちを愛していますよ』というカードを渡しました。その感謝祭の日、家族だんらんで夕食を楽しみました。その四時間後、ついに我慢しきれずリチャードは言いました。

「テレサ、いったい君に何があったんだい」

「どうしてそんなこと聞くの？」

テレサは話してもわかってもらえないのではないかと思ったからです。

「僕はもうここに四時間いるけど、君は一度も怒らなかったね。いったい何が起きたんだい」

その晩遅く、リチャードはテレサに言いました。

「君が手に入れたものを僕も欲しいよ」

その二日後、彼は生まれ変わり、聖霊に満たされたのでした。毎日、聖書を読み始めました。神はあらゆる点において彼の人生を変え、結婚生活は回復されていきました。

戦う力を得て

ある友人がテレサに私の著書『聖霊さま、おはようございます』を渡しました。この頃には、彼女はジョイのいやしのために闘うことを身に付けていました。テレサはその書籍をとおして人格なる聖霊について知り、彼と交わる方法を学び始めました。毎朝起きると、聖霊さまに挨拶をするのでした。

「私が今まで捜し続けていたものはこれだったのです」

とテレサは言います。

「人の心の中にある空洞を満たすことのできる方は神以外にはありません。生ける神の聖霊なるお方と交わりをもち、導かれていくことほど満足を得、冒険に満ち、興奮することはありません」

テレサの家ではキリスト教系の番組は入らないのですが、私が説教する番組『今日はあなたの日』などの番組を友人が録画しいました。

テレサは、

「いやしに関する話を聞いたり、教えを受けることは、砂漠の中にあるオアシスのようなものです。以前、そのような番組は見たことがなかったので、大変驚きました」

と言います。

テレサはジョイのいやしのために霊的な戦いをすようにと聖霊に導かれました。しかし、あまりの疲れと孤独感で、戦っても負けるだけだと思い込んでいました。

そんなある日、クリスチャンの友人が、

「あなたのためにミネアポリスの集会へ行く費用を払ってくれる人がいるけど、行きたい？」

と言いました。

テレサはそのチャンスに飛びつきました。

その特別な集会は、インベイション91といって、ロバート・リアドンが主催するものでした。私自身も、そこで何度か説教し、八月二九日、三〇日にはミラクル・クルセードを開いていました。その中で私は明け渡しについて語りました。テレサはその集会に出席し、霊的盲目を神に明け渡したと言いました。新生体験をする前、彼女は神について何でも知っていると思っていました。小さい時から教会に行っていたからです。しかし、生ける神に直接出会ったとき、本当の神を知り、その道を歩き始めたばかりでだということに気づきました。

私がメッセージを語っているとき、テレサとジョイは並んで座っていました。私自身は彼女たちがどこにいるのかも知りませんでしたが、イエスさまはご存じであったのです。

私は招きをしました。

「心を尽くして、神に仕えたい方は、前の方に来てください」

テレサは、大群衆と共に前に進み出ました。私は神の力が一人ひとりに触れるように祈りました。

テレサはその時のことをこう語ります。

「神の力が私の上に臨んで、後ろに倒れてしまいました。しばらくの間、床に釘付けられたようで起きることができませんでした」

テレサは、神の力で満たされてそのクルセードを去りました。その帰宅途中、二人の娘と一緒に車の中でずっと聖霊さまに満たされ、大声を上げて大胆に祈り続けました。家に到着すると、家の中を何時間も歩き回って祈りました。御霊によって彼女は自分が霊的な戦士になったような気がしました。そこでサタンに向かって叫んだのです。

「もう戦いは終わった。イエスは勝利者です!」

そして家の中に入り込んでいた悪霊の力が見えるようになってきたのでした。

戦いの終わり

そのすぐ後に、テレサが食器を洗っていると、ジョイがやって来ました。

「ママ、気分が悪いの」

また偏頭痛が始まったのでした。

「ママと一緒に祈りましょうね」

テレサはジョイの頭に手をおいて祈り始めました。

「サタンとすべての悪霊の力をいまイエスの御名によって縛る！　イエスの御名によって命じる、いま出て行きなさい！　勝利の神をほめたたえます。イエスの血潮と天使の守りの力をいま解放します。イエスの名によって聖霊で満たされなさい」

ジョイは驚いた顔で母親を見上げました。

「ママ、治っちゃった」

偏頭痛は一瞬のうちに消えてなくなったのです。

ジョイが痛みや他の症状が出てくる度に、テレサは手をおいて祈りました。以前は祈りの効果に限界があるように思えましたが、いまは力が伴っていました。偏頭痛はなくなり、眼の痛みは止んだのです。

テレサはジョイの完全ないやしのために祈り続けました。彼女に対する聖霊の導きに敏感になりました。あるとき娘と共に聖書を読んで、何時間も祈り、それから台所へ行きました。ジョイは手にクラッカーを持って食べていました。その瞬間、テレサはジョイのために祈るべきだと感じ、ジョイの頭に手をおいて祈りました。

驚いたことにテレサは、霊の中で、白い光が天から降りてきて、それが段々と頭の上に注がれるのを感じとりました。数分後、彼女はもう一つの白い光の筒がジョイの頭の中に入り、背中と背骨を通って足の下から出て行くのを見ました。ジョイは神の栄光が彼女の身体に波のように押し寄せてくるのがわかりました。その後二〇分間、その場に釘付けにされ動くことができませんでした。

その日テレサは、神がジョイのために驚くべきことをなされたのを知ったのでした。ある日、ジョイは真剣な顔をして母親を呼び言いました。

「ママ、お話しするから聞いてね」

ジョイはたいてい話しをすることや、ましてや物語を話すことに大変な困難を覚えていました。

しかし、テレサは、娘のこの言葉をとらえました。

「いいわよ、お話しして。ママがそのお話しを書き留めるから」

その話しの題名は「困ったクマちゃん」と言いました。ジョイは話し始めました。

「あるクマちゃんが何もすることができなくて困ってしまいました。クマちゃんのママもどうしていいのかわからない。困った、困った。でもクマちゃんは助けてくれる人を見つけました。それはイエスさまです。イエスさまがクマちゃんを助けてくれる人だってわかりました。そしたらイエスさまがやって来て、困ったクマちゃんを助けてくれました」

テレサはびっくりして何も言えませんでした。

その物語に驚いただけではなく、文章も流暢に話すことができたからです。神さまは何をなされたのでしょうか。

しばらくすると、ジョイは母親のところに来てまた変わったことを言いました。

「ママ、数字を書いてみて」

テレサは鉛筆と紙をもってくると4の数字を書きました。
「もっと書いて」
とジョイが言うので、テレサは言われる通りに四桁の数字を四行書きました。こんなふうにです。

4572
2401
1005
7439

ジョイは母親の手から鉛筆をとると、その番号を足し始めました。これらの番号の一番下に答えと書いて、その紙を母親にわたしました。テレサは唖然として見つめました。ジョイは四つの数字を全部足して正解を書いたのです。

思い出してください。今までずっとジョイは、2＋2の答えを思い出すことができなかったのです。教育心理学者も、記憶喪失と数字の失読症については確認していました。ジョイはかつて一度もそのようなことをしたことはなかったのです。

テレサはこう語ります。

「彼女が数字の足し算をし、正解を出したとき、私は神の途方もない力に全く圧倒されてしまいました。ただ驚くばかりでした。神はどうなされたというのでしょうか。ジョイは私に鉛筆を返すと私はじっと見つめました。私はその鉛筆を投げ出すと、一目散に一段飛び越えて二階に駆け上がり、バスルームに入りました。そしてドアをバタっと閉めるとカギをかけました。神があまりに近くにおられ、その臨在があまりにも力強かったので、神から隠れようとしているかのようでした。窓のところへ行き、その把手に寄り掛かり、泣きながら何度もささやきました。

「わが主、わが神、わが主、わが神……」

圧倒的勝利

ジョイはまだ強い薬を飲んでいました。採血のために近くの病院に頻繁に行く日々でした。採血の結果、発作のために摂取していたテグレトールという薬の管理をしている神経学者に送られました。その医師の目標は、ジョイの血管中に最大量の薬を流し込み、その発作を抑えるためでした。

しかし、彼はジョイの必要が少しづつ減ってきていることに気づきました。

一九九一年十一月二一日、クルセードに出席したその三週間後、ジョイは新しい人生を歩み始めたのです。薬から全く解放されたのでした。

それだけではありませんでした。ジョイは眼の痛みからも偏頭痛からも、発作からも解放されたのです。彼女は自由に学ぶことも、記憶することもできるようになったのです。

テレサはこのように説明します。

「私たちが笑ったり泣いたりするのにまだ何カ月もかかりました。皆がショックを受けたような感

June 17, 1993

To whom it may concern:

I have provided psychological and educational services for Joy Kapler and her family for over five years. I witnessed the suffering and frustration of this youngster as she struggled to maintain her attention and remember simple bits of information only to fail repeatedly. I can testify that her educational progress had practically come to a standstill as a result of her brain injury.

A little over a year after her healing I was invited by Theresa and Richard Kapler to once again work with Joy and assess her educational progress. To put it mildly, I was astonished and amazed at her progress educationally, but her concentration and memory improvements were beyond description! I have never seen a youngster recover these lost abilities and can think of no natural process by which they can be renewed. Each time I am around Joy now I marvel at the progress she has made and the peace she radiates since her healing.

Although Joy lost ground educationally during the years of her disability, she is making progress that would have been impossible prior to her healing. In every other way Joy appears to be a normal, happy, healthy child who has been blessed by God's healing power, and she shows it!

November 23, 1992

To whom it may concern:

I want to verify that I administered a number of psychological tests to Joy Kapler at the time she was experiencing some of her most severe learning, attention span, memory, and emotional problems resulting from her brain injury. I also administered tests and observed her behavior following her healing. From a psychological perspective she is not the same girl. Her memory problems have disappeared, her attention span is now normal or better, her learning of basic academic subjects is now progressing at the expected rate, and she is quite obviously a much happier and emotionally healthier child following her healing. In nineteen years as a psychologist I have never seen such improvement. This child now has an inner peace which, thought it cannot be measured by any psychological test, is obvious to everyone around her.

Sincerely,

[redacted]

上記の手紙は、ジョイを担当した心理学者が記したもの。ジョイの能力が劇的に変化し、その後、いかに回復し進歩したのかそのすばらしさを説明している。

じでした。医学的には、脳が奇跡的に造り変えられない限り、ジョイがいやされることは不可能でした。創造主は今も創造し、また創り変えておられるのです（ヘブル一三・八参照）」

ケプラー家は、神への畏れと不思議とに満たされたのです。賛美と心からの礼拝と神の言葉を読むことに多くの時間を用いました。

二月にはジョイの年一回発表される学習評価の時が来ました。過去数年間、ジョイに発達テストを行っていた学習心理学者は、再びテストを行うためにケプラー家を訪れることになりました。彼は前年、ジョイを検査し、機能的に不可能であること、学習能力には大きな限界があることを確認していました。

その医師は、今回のジョイのテストを行うのに普段の時間ではなく三時間以上もかかりました。事前にテレサは彼にこう警告しておいたのです。

「神さまが奇跡を行ってくださったのですよ」

「はいはい、わかりました」と彼は生返事をしていました。

テストの終了後、テレサが部屋に呼ばれました。医師は蒼白な顔をして言いました。

「この子は別な子ではないですか。何がいったい起きたのですか」

ジョイは以前一度もしたことのない算数の問題を解きました。人文学も読解も理科もテストの結果は良好でした。なかでも最高なのは、六、七桁の数字を何の問題もなく暗記することができるようになったのです。

その医師はジョイに何が起きたのかを聞きました。テレサはジョイのいやしと救いの証しを語りました。するとすぐに彼もイエスを受け入れたくなり、テレサは彼を救いの祈りへと導きました。そして聖霊のバプテスマを受ける祈りも導いたのです。この医師は、その後二年間にわたりジョイにテストを行いました。そして、こう結論づけたのです。

「心理学者として一九年間、このような回復を見たことがない」

この専門医はケプラー家の奇跡をとおして信仰をもつようになりました。

ジョイの神経学者はその回復のことを次のように語りました。

「これはまさに生ける屍の復活だ。人間を超えた存在の介入があったことを明確に示す事実だ」

彼は脳の外傷や発作、偏頭痛の患者を多く見てきました。かつてはすぐれた神経学研究所であるテキサス州ヒューストンのベイラー薬科大学である地位を与えられたこともありました。彼は現在、脳損失という問題について本を書いたり、全米で講義をして回っています。

一九九五年の夏、この神経学者は国内のラジオ番組でのインタビューでジョイの奇跡を見る以前も自分はクリスチャンだったが、奇跡というものは信じていなかったと発言しました。しかし今は奇跡を信じるだけにとどまらず、自分のところに来る患者をケプラー家に紹介し、祈ってもらうよう導いています。

ジョイの変化を目撃した友人や親族、そして全米の人々がイエスにその人生を明け渡していきました。また、新聞や雑誌でジョイの証しを読んで、家族に連絡した人もいました。ジョイの証しは一般紙であるアイオワの新聞七社に掲載され、地元のテレビ番組でも取り上げられました。世界的に出版されている五つの雑誌にも載りました。あるいは台湾の神経学者によって中国語に訳され、『チャイニーズ・ミッション・マガジン』にも掲載されました。ケプラー家は『七〇〇クラブ』（米国のクリスチャン番組）に二度も出演してインタビューを受けました。

この家族は現在、絶望的な状況の中で苦しんでいる人々に対して積極的に働きかけています。テレサは次のように説明します。

「私はもう暗闇の中にいる人と共に生きることはできなくなりました。いやしと奇跡が彼らの祈りをとおして起こるのです（マルコ一六・一七〜一八）。神はその民をどんなにか深く愛しておられることでしょうか。深く愛しておられるのです。神は諸教会に対して、失われた、傷つけられ、心砕かれ、絶望の中で死につつある人々を連れてきなさいと呼びかけておられるのです。イエスさまはもうすぐ戻って来られるのですから（マタイ二四・一四）。終わりの日の大収穫はもうそこまで来ています。私たちが心を尽くして神のみもとに来るなら、主は解放といやし、家庭の回復と健康、そして人間関係の回復をもたらしてくださいます（第二歴代七・一四）。不従順と赦せない心、不信の罪を脱ぎ捨て、神の御言葉のすべての約束を受け取ってください」

[redacted]

July 12, 1993

RE: Joy Kapler

To Whom It May Concern:

This is a resurrection from the living dead. This shows clear-cu superhuman intervention. Let the world be informed we have grow in faith through the miracle of a little girl.

[redacted]

Board Certified Neurologist

[redacted]

「生ける屍からの復活」とは、神経学者がジョイの回復を的確に表現した言葉。彼はジョイ・ケプラーの奇跡によって彼自身も含め他の者がいかに信仰が強められたのかを語っている。

今日のジョイ・ケプラー

現在、ジョイ・ケプラーは健康で平安に満たされた一五歳の少女です。母親はクリスチャンのカリキュラムを用いて家庭学習をさせています。得意課目は読書と歴史です。ピアノも習い、家庭集会の時には、タンバリンをたたいています。

彼女は毎朝聖書を読み、私の番組である『今日はあなたの日』の番組を見ることを喜びとしています。なぜなら番組に出演される人々は神がなしてくださった奇跡といやしを証しするからです。彼女は家族と共にさまざまな教会やクラブ活動などを周り、神の救いといやし、そして解放の力と愛を語るのでした。ときには病める人々、苦しむ人々のために心を合わせて祈ります。

ジョイが初めて自分の奇跡を証しした相手は白血病の女の子でした。いやしの集会に行く途中でしたが、ジョイはその少女に、聖書の中にある話である、屋根を壊して病の人をイエスのもとへ連れて行ったことを話しました。

「私たちはいまそれと同じことをしているのよ」

とジョイはその少女に説明しました。今ではその少女はいやされ元気で健康そのものです。

ジョイは今でもいやさる以前のあの苦痛に満ちた日々を語るのに抵抗を覚えます。その日を思い出すと涙が溢れ流れてくるからです。

「頭痛がひどくて、身体中が痛かったのです。学校の勉強もできませんでした。とても苦しかったのです。算数の数字も覚えることができなくて辛かったです」

ジョイの好きな御言葉は出エジプト記一五章二六節、「**わたしはあなたをいやすものである**」です。

彼女は私たちが知らなければならないことが一つありますと語ります。

「神の御手の中にあって解決できない問題は一つもありません。神はどのような人でもいやすことができるのです。神にとって不可能なことはありません」

偉大なる医師に学ぶ

そのころイエスは、エルサレムに上られる途中、サマリヤとガリラヤの境を通られた。ある村に入ると、十人のらい病人がイエスに出合った。彼らは遠く離れたところに立って、声を張り上げて、「イエスさま、先生、どうぞあわれんでください」と言った。

イエスはこれを見て、言われた。「行きなさい。そして自分を祭司に見せなさい」

彼らは行く途中でいやされた。そのうちのひとりは、自分のいやされたことがわかると、大声で神をほめたたえながら引き返してきて、イエスの足もとにひれ伏して感謝した。彼はサマリヤ人であった。

そこでイエスは言われた。「十人いやされたではないか。九人はどこにいるのか。神をあがめるために戻って来た者は、この外国人のほかには、だれもいないのか」それから、その人に言われた。「立ち上がって、行きなさい。あなたの信仰があなたを直したのです」

（ルカ一七・十一～一九）

第一三章 あなたの奇跡を導く鍵とは

よく私はこのような質問をされます。

「ベニー先生、どうしていやされる人といやされない人がいるのですか」

ジェリー・ウッド、パトリシア・ハリソン、レイ・スコット、それにブレンダ・フォギーといった聖霊に満たされた著作を読まれた方は同じようなことを思われたことでしょう。このような人たちというのは並々ならぬレベルの信仰のもち主なのでしょうか。神の恵みを受けるために何か特別なことをしたのでしょうか。

最近、カリフォルニアのアナハイム・コンベンションセンターで私たちが開いていた集会で、講壇の上には、自分が体験した奇跡のために神をほめたたえる人々が列を作って並んでいます。

礼拝中、私は車椅子にいる一人のかわいい少女の方に何度も注意が引かれるのでした。そしてこう祈りました。

「主よ、あの少女をいやしてください。どうぞいやしてください」

最後の賛美が歌われ、礼拝も終わろうとしたとき、再び彼女の方に眼がいきました。その子はまだそこにいました。車椅子に座ったままでした。

信じてほしいのですが、もし私にいやしの力があるのならば、あの少女は来た時と同じ姿で立ち去ることは決してなかったでしょう。私は引き続き、その子のために祈り続け、ある日必ず歩けるようになると信じています。しかし、いやしは神のわざであり、人間のわざではないのです。

信仰が足りないからか

キャサリン・クールマンもこのような問題に悩んでいたことをよく話していました。牧師が絶望的な病の中にいる人に対して「あなたの信仰が足りないから治らないのです」というときほど心を悩ますことはありません。

キャサリン・クールマンはこのような人々のために自分の心がどんなに苦しんだかを感情を込めて語っていました。というのは、そういう人たちが来る日も来る日もいかに苦闘して信仰を増そうと一生懸命に頑張っているかを知っていたからです。

「彼らは自分がもっている信仰を分析していたのです。つまり足りないところはどこか見つけ出そうと努力するのですが、むなしく終わるのでした。おそらく、そのことが、神のいやしの力を遠ざける結果となってしまっているのです。ですから、彼らの敗北は避けられないことなのです。神ではなく自分自身の方に気をとられるからです」

その答えを人間自身の中に見つけ出すことはできません。信仰とは自分で産み出すものではなく、善行や道徳心、慈善や奉仕の結果によって得られるものではないからです。その上、信仰は、人間から出てくるものではありませんし、人間の考えによってでもありません。

私は信仰とは単なる希望や期待以上のものだと思います。信仰とは、一人の人のゆえに生きたものとなるのです。その名とは、イエスです。それは本当に全く単純なものであるのです。キリストがいるところには信仰もあり、キリストがいないところには信仰もないのです。

キャサリン・クールマンはよくイエスが弟子たちと一緒に小さな船に乗って、ガリラヤ湖を渡る話をしました。嵐が起きたので弟子たちは震えおののきました。その船はもう少しで転覆し、彼らは溺れそうでした。

「先生、先生。私たちは溺れて死にそうです」（ルカ八・二四）

そこでイエスが起き上がり、風を叱ると、荒波は静まりました。そのときイエスは弟子たちに言いました。

「あなたの信仰はどこにあるのですか」

この話をした後、クールマンは弟子たちの信仰について次ぎのような質問をしました。

「信仰はどこにあったのでしょうか。船に乗る前に岸辺においてきてしまったのでしょうか。船が浮かんでいる湖の底に落としてしまったのでしょうか。嵐と共に飛んでいってしまったのでしょうか」

彼女はこのように結論づけました。

「彼らの信仰は船と共にずっとあったのです。その信仰は常に彼らと共にありました。一秒たりとも彼らから離れてはいませんでした。イエスこそが彼らの信仰だったからです」

イエスは言われました。

「わたしを離れては、あなたがたは何もすることができません」（ヨハネ一五・五）

この言葉は真実です。私たちに必要な信仰とはイエスへの信仰のみなのです。忘れないでください。信頼と信仰とは、あなた自身のものではないのです。キリストを中心としたとき得られるものであるのです。キリストの方へあなた自身が近づかなければなりません。

「すべて疲れた人、重荷を負っている人は、わたしのところに来なさい。わたしがあなたがたを休ませてあげます」（マタイ十一・二八）

キリストはなぜいやすのか

聖書にはキリストによってなされた多くの奇跡の記録が書かれてあります。また聖書にはなぜイエスが今日も人々をいやすのかということが書かれています。

一、イエスは憐れみのゆえにいやされる

イエスは十字架を忍ばれたために、私たちが経験する痛みや苦しみを深く理解することができるのです。

「私たちの大祭司は、私たちの弱さに同情できない方ではありません」（ヘブル四・一五）

らい病をもった一人の男がある日、主のもとにやって来て、こう言いました。「お心一つで、私はきよくしていただけます」と。イエスはこの人に対する憐れみの心でいっぱいになりました。その人に触れて**「わたしの心だ。きよくなれ」**（マルコ一・四〜四一）

イエスがこの言葉を発した瞬間に、らい病は消えてなくなりました。彼はいやされたのです。

二、イエスは御父に栄光を帰すためにいやされる

キリストは自らの力の源をよく知っていました。いつも人々に自分が父のわざを行うためにやって来たのだということを告げました（ヨハネ五・一九〜二〇）

あるとき主イエスはガリラヤ湖の近くにいたのですが**「大勢の人の群れが足なえ、不具者、盲人、おしの人、そのほかたくさんの人をみもとに連れて来た。そして彼らをイエスの足もとに置いたので、イエスは彼らをおいやしになった」**（マタイ一五・三〇）

人々はすばらしい奇跡が行われるのを見ると「イスラエルの神をあがめた」のです。

またあるときには、イエスがベタニヤのラザロが病気であると聞いてこう宣言しました。

「この病気は死で終わるだけのものではなく、神の栄光のためのものです。神の子がそれによって栄光を受けるためです」（ヨハネ十一・四）

三、イエスは父の約束を成就するためにいやされる

キリストの奇跡は、新約の時代も現在も、神の民である私たちにとって、預言者をとおして語られた神の約束の成就にほかなりません。

キリストがペテロの家に入ったとき、聖書は、次のように記しています。

「人々は悪霊につかれた者を大ぜい、みもとに連れて来た。そこで、イエスはみことばをもって霊どもを追い出し、また病気の人々をみなお直しになった。これは、預言者イザヤを通して言われた事が成就するためであった。『彼が私たちのわずらいを身に引き受け、私たちの病を背負った』」（マタイ八・一六～一七）

四、いやしは神の子供たちのもの

娘が悪霊につかれたカナンの女性は、イエスが自分の住んでいる町にやって来る、ひざまづき、娘をいやしてくださいと願ったのです。御言葉には、カナンの女と主が語られた言葉が書いてあります。その会話の初めは当惑するような感じでしたが、注意深く見ると、二つのうるわしい真理が

あることに気づきます。

彼女の願いに対する答えとして、イエスはその女性に「神の子供たちにまず食物を与えるべきだ」と言いました。イエスはいやしとは神ご自身の子供たちに与えるプレゼントだということを確認されたのです。

残念なことに、この女性は当時「神の子供」だとは見なされていませんでした。異邦人だったからです。比喩を用いてイエスが説明されたことは、「子供たちのパンを取り上げて、犬に投げてやるのはよくない」ということでした。しかし、その女性は粘り強く「主よ、そのとおりです。ただ小犬でも主人の食卓から落ちるパンくずはいただきます」と言い続けました。

これに対してイエスはこう対応しました。

「あなたが、そのように言ったので、悪霊は娘から出て行きました」

この答えから神は人を偏り見ずにいやすお方であることがわかります。

五、いやしは神の力を現す

エルサレムでイエスに批判的だった者たちが対抗してやって来たとき次ぎのように答えました。

「もし、わたしがわたしの父のみわざを行なっていないのなら、わたしを信じないでいなさい。しかし、もし、行なっているなら、たといわたしの言うことが信じられなくても、わざを信用しなさい。それは、父がわたしにおられ、わたしが父いることを、あなたがたが悟り、また知

るためです」（ヨハネ一〇・三七～三八）

六、いやしはキリストの血の力を現す

私は集会を開くときには必ず、キリストの血を感謝してから始めることにしています。そうする度に、神の臨在が下ってきて、奇跡が起こり始めるのです。主に、十字架上の犠牲について感謝を捧げ、十字架のみわざを認めていく時に、まさに聖霊が下り、人々の人生に触れるのです。なぜこのようなことが起こるのでしょうか。

十字架によるキリストの死は、あなたの救いのためだけでなく、いやしのためでもあったのです。神が預言者イザヤに霊感によって書かせたことは今も真実なのです。

「まことに、彼は私たちの病を負い、私たちの痛みをになった。だが、私たちは思った。彼は罰せられ、神に打たれ、苦しめられたのだと。しかし、彼は、私たちのそむきの罪のために刺し通され、私たちの咎のために砕かれた。彼への懲らしめが私たちに平安をもたらし、彼の打ち傷によって、私たちはいやされた。」（イザヤ五三・四～五）。

七、イエスは悪魔のわざを滅ぼすためにいやされる

人がいやされるたびに、悪魔は、ひどい打撃を受けるのです。

「神の子が現れたのは、悪魔のしわざを打ちこわすためです」（第一ヨハネ三・八）

聖書は悪魔に対するイエスの権威をはっきりと示し、主が地上で神の国を語っている間にも、悪霊を追い出したという記事が何度も出てきます（マルコ一・二四～二六、ルカ十一・一四）

あるときイエスが、悪魔の力によって悪魔を追い出しているのではないかとパリサイ人に非難されたことがありました。イエスは彼らを叱り、自分が悪魔のわざに勝利するために来たのだということを明らかにされました。

「もしもわたしが、ベルゼブルによって悪霊どもを追い出しているのなら、あなたがたの仲間は、だれによって追い出すのですか。だから、あなたがたの仲間が、あなたがたをさばく人となるのです。

しかし、わたしが、神の指によって悪霊どもを追い出しているのなら、神の国はあなたがたに来ているのです。

強い人が十分に武装して自分の家を守っているときには、その持ち物は安全です。しかし、もっと強い者が襲って来て彼に打ち勝つと、彼の頼みにしていた武具を奪い、分捕り品を分けます。」（ルカ十一・一九～二二）

私は最近、フロリダの友人牧師にこう話をしました。

「私は奇跡を信じなければならないのです。他に道はありません。世界中の罪や病を見ていると、もし神が人間の生活にご介入できると信じなければ、一日たりとも生きることはできないと思います」

神がいやしを行われるから、常に希望があるのです。

最近、死にかけている少女の父親と話をしたことがあります。私がその少女のために祈ろうとすると、父親は、

「なんてすばらしいことでしょう。これで今日、仕事に出かけることができます」

とおっしゃられました。

その希望こそが、彼に前進する力を与えたのです。

人々は私に質問します。

「どうしたら奇跡を受けられるのですか」

私はいつもこう答えるようにしています。

「何もしなくていいのですよ」

いやしは私たちが何かをした結果として起こるものではありません。それはキリストがすでになされたことの結果起こるものなのです。

神はそのひとり子を十字架につけるために地上に送られ、私たちの救いを確かなものとし、いやしの道を開かれたのです。これがすべての希望の源です。

あなたが生き続けることができるのは、キリストご自身を信じるすべての人に永遠の命を賜ったからなのです。どんな病気も、心の傷も、痛みも、そして死さえも、その命を取り去ることはでき

ません。

どうぞ決して忘れないでください。イエスはあなたが負っているすべての苦痛をご存じです。イエスはあなたの叫びを聞き、その心は憐れみで満ちているのです。その最高の恵みで、イエスがこのように言われる瞬間は必ず来ることでしょう。

「今日があなたの奇跡の日です！」と。

「わがたましいよ。主をほめたたえよ。
私のうちにあるすべてのものよ。
聖なる御名をほめたたえよ。
わがたましいよ。主をほめたたえよ。
主の良くしてくださったことを何一つ忘れるな。
主は、あなたのすべての咎を赦し、
あなたのすべての病をいやし、
あなたのいのちを穴から贖い、
あなたに、恵みとあわれみとの冠をかぶらせ、
あなたの一生を良いもので満たされる。
あなたの若さは、わしのように、新しくなる。

（詩篇一〇三・一〜五）

ベニー・ヒン
フロリダ州オーランド・クリスチャンセンター牧師。『聖霊さま、おはようございます！』は米国で150部以上、その他の国で50万部以上刊行。『聖霊の油注ぎ』『力ある主イエスの血』『聖霊さま、歓迎します』は、いずれもベストセラー。

今日《いま》も奇跡《きせき》は起《お》こる

１９９６年8月２５日　初版第１刷発行

著　者　ベニー・ヒン
訳　者　マルコーシュ翻訳委員会
発行所　マルコーシュ・パブリケーション
〒187　東京都小平市小川東町1821-131
電話0423(41)9722
FAX 0423(45)8409
振替00110-7-45754
印刷所　東信社
ISBN4-87207-159-X C0016

ベニー・ヒンのベストセラー著作！

力ある主イエスの血

定価一六〇〇円

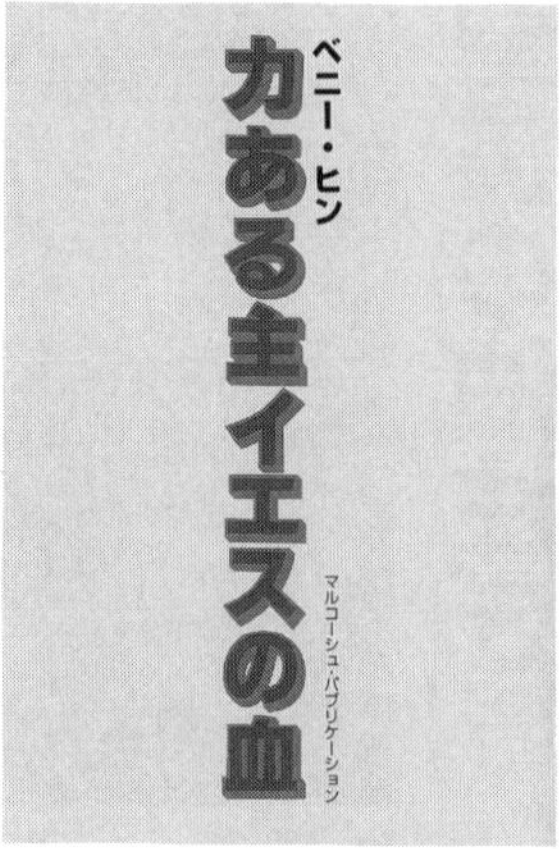

　主イエスの血は、あなたと家族を敵の攻撃から守り、聖霊の油注ぎをもたらし、罪のなわめを解き放ち、神の永遠の恵みの力である。この力ある主イエスの血をあなたのクリスチャン生活に用いていこう。ベニー・ヒンのベストセラー第三弾。